HEINRICH VON KLEIST

MICHAEL KOHLHAAS

(Aus einer alten Chronik)

HAMBURGER LESEHEFTE VERLAG

HUSUM/NORDSEE

16 Jahrhundert, Michael Kohlhaas (Roßhändler)
Dorfs Namen   <— + vater
                     rechtschaffenster, entsentzlich

An den Ufern der Havel lebte, um die Mitte des sechzehnten Jahrhunderts, ein Rosshändler, namens *Michael Kohlhaas*, Sohn eines Schulmeisters, einer der rechtschaffensten zugleich und entsetzlichsten Menschen seiner Zeit. – Dieser außerordentliche Mann würde, bis in sein dreißigstes Jahr für das Muster eines guten Staatsbürgers haben gelten können. Er besaß in einem Dorfe, das noch von ihm den Namen führt, einen Meierhof, auf welchem er sich durch sein Gewerbe ruhig ernährte; die Kinder, die ihm sein Weib schenkte, erzog er, in der Furcht Gottes, zur Arbeitsamkeit und Treue; nicht einer war unter seinen Nachbarn, der sich nicht seiner Wohltätigkeit, oder seiner Gerechtigkeit erfreut hätte; kurz, die Welt würde sein Andenken haben segnen müssen, wenn er in einer Tugend nicht ausgeschweift hätte. Das Rechtgefühl aber machte ihn zum Räuber und Mörder.

Er ritt einst, mit einer Koppel junger Pferde, wohlgenährt alle und glänzend, ins Ausland, und überschlug eben, wie er den Gewinst, den er auf den Märkten damit zu machen hoffte, anlegen wollte: teils, nach Art guter Wirte, auf neuen Gewinst, teils aber auch auf den Genuss der Gegenwart: als er an die Elbe kam, und bei einer stattlichen Ritterburg, auf sächsischem Gebiete, einen Schlagbaum traf, den er sonst auf diesem Wege nicht gefunden hatte. Er hielt, in einem Augenblick, da eben der Regen heftig stürmte, mit den Pferden still, und rief den Schlagwärter, der auch bald darauf, mit einem grämlichen Gesicht, aus dem Fenster sah. Der Rosshändler sagte, dass er ihm öffnen solle. Was gibts hier Neues? fragte er, da der Zöllner, nach einer geraumen Zeit, aus dem Hause trat. Landesherrliches Privilegium, antwortete dieser, indem er aufschloss: dem Junker Wenzel von Tronka verliehen. – So, sagte Kohlhaas. Wenzel heißt der Junker? und sah sich das Schloss an, das mit glänzenden Zinnen über das Feld blickte. Ist der alte Herr tot? – Am Schlagfluss gestorben, erwiderte der Zöllner, indem er den Baum in die Höhe ließ. – Hm! Schade! versetzte Kohlhaas. Ein würdiger alter Herr, der seine Freude am Verkehr der Menschen hatte, Handel und Wandel, wo er nur vermochte, forthalf, und einen Steindamm einst bauen ließ, weil mir eine Stute, draußen, wo der Weg ins Dorf geht, das Bein gebrochen. Nun! Was bin ich schuldig? – fragte er; und holte die Groschen, die der Zollwärter verlangte, mühselig unter dem im Winde flatternden Mantel hervor. „Ja, Alter", setzte er noch hinzu, da dieser: hurtig! hurtig! murmelte, und über die Witterung fluchte: „wenn der Baum im Walde stehen geblieben wäre, wärs besser gewesen, für mich und Euch"; und damit gab er ihm das Geld und wollte reiten. Er war aber noch kaum unter den Schlag-

3

baum gekommen, als eine neue Stimme schon: halt dort, der Rosskamm! hinter ihm vom Turm erscholl, und er den Burgvogt ein
Fenster zuwerfen und zu ihm herabeilen sah. Nun, was gibts
Neues? fragte Kohlhaas bei sich selbst, und hielt mit den Pferden
an. Der Burgvogt, indem er sich noch eine Weste über seinen weitläufigen Leib zuknüpfte, kam, und fragte, schief gegen die Witterung gestellt, nach dem Passschein. – Kohlhaas fragte: der Passschein? Er sagte, ein wenig betreten, dass er, soviel er wisse, keinen
habe; dass man ihm aber nur beschreiben möchte, was dies für ein
Ding des Herrn sei: so werde er vielleicht zufälligerweise damit
versehen sein. Der Schlossvogt, indem er ihn von der Seite ansah,
versetzte, dass ohne einen landesherrlichen Erlaubnisschein, kein
Rosskamm mit Pferden über die Grenze gelassen würde. Der
Rosskamm versicherte, dass er siebzehn Mal in seinem Leben, ohne einen solchen Schein, über die Grenze gezogen sei; dass er alle
landesherrlichen Verfügungen, die sein Gewerbe angingen, genau
kennte; dass dies wohl nur ein Irrtum sein würde, wegen dessen er
sich zu bedenken bitte, und dass man ihn, da seine Tagereise lang
sei, nicht länger unnützer Weise hier aufhalten möge. Doch der
Vogt erwiderte, dass er das achtzehnte Mal nicht durchschlüpfen
würde, dass die Verordnung deshalb erst neuerlich erschienen
wäre, und dass er entweder den Passschein noch hier lösen, oder
zurückkehren müsse, wo er hergekommen sei. Der Rosshändler,
den diese ungesetzlichen Erpressungen zu erbittern anfingen,
stieg, nach einer kurzen Besinnung, vom Pferde, gab es einem
Knecht, und sagte, dass er den Junker von Tronka selbst darüber
sprechen würde. Er ging auch auf die Burg; der Vogt folgte ihm,
indem er von filzigen Geldraffern und nützlichen Aderlässen derselben murmelte; und beide traten, mit ihren Blicken einander
messend, in den Saal. Es traf sich, dass der Junker eben, mit einigen
muntern Freunden, beim Becher saß, und, um eines Schwanks
willen, ein unendliches Gelächter unter ihnen erscholl, als Kohlhaas, um seine Beschwerde anzubringen, sich ihm näherte. Der
Junker fragte, was er wolle; die Ritter, als sie den fremden Mann
erblickten, wurden still; doch kaum hatte dieser sein Gesuch, die
Pferde betreffend, angefangen, als der ganze Tross schon: Pferde?
Wo sind sie? ausrief, und an die Fenster eilte, um sie zu betrachten.
Sie flogen, da sie die glänzende Koppel sahen, auf den Vorschlag
des Junkers, in den Hof hinab; der Regen hatte aufgehört; Schlossvogt und Verwalter und Knechte versammelten sich um sie, und
alle musterten die Tiere. Der eine lobte den Schweißfuchs mit der
Blesse, dem andern gefiel die Kastanienbraune, der Dritte streichelte den Schecken mit schwarzgelben Flecken; und alle mein-

ten, dass die Pferde wie Hirsche wären, und im Lande keine bessern gezogen würden. Kohlhaas erwiderte munter, dass die Pferde nicht besser wären, als die Ritter, die sie reiten sollten; und forderte sie auf, zu kaufen. Der Junker, den der mächtige Schweißhengst sehr reizte, befragte ihn auch um den Preis; der Verwalter lag ihm an, ein Paar Rappen zu kaufen, die er, wegen Pferdemangels, in der Wirtschaft gebrauchen zu können glaubte; doch als der Rosskamm sich erklärt hatte, fanden die Ritter ihn zu teuer, und der Junker sagte, dass er nach der Tafelrunde reiten und sich den König Arthur aufsuchen müsse, wenn er die Pferde so anschlage. Kohlhaas, der den Schlossvogt und den Verwalter, indem sie sprechende Blicke auf die Rappen warfen, miteinander flüstern sah, ließ es, aus einer dunkeln Vorahndung, an nichts fehlen, die Pferde an sie loszuwerden. Er sagte zum Junker: „Herr, die Rappen habe ich vor sechs Monaten für 25 Goldgülden gekauft; gebt mir 30, so sollt Ihr sie haben." Zwei Ritter, die neben dem Junker standen, äußerten nicht undeutlich, dass die Pferde wohl so viel wert wären; doch der Junker meinte, dass er für den Schweißfuchs wohl, aber nicht eben für die Rappen, Geld ausgeben möchte, und machte Anstalten, aufzubrechen; worauf Kohlhaas sagte, er würde vielleicht das nächste Mal, wenn er wieder mit seinen Gaulen durchzöge, einen Handel mit ihm machen; sich dem Junker empfahl, und die Zügel seines Pferdes ergriff, um abzureiten. In diesem Augenblick trat der Schlossvogt aus dem Haufen vor, und sagte, er höre, dass er ohne einen Passschein nicht reisen dürfe. Kohlhaas wandte sich und fragte den Junker, ob es denn mit diesem Umstand, der sein ganzes Gewerbe zerstöre, in der Tat seine Richtigkeit habe? Der Junker antwortete, mit einem verlegnen Gesicht, indem er abging: ja, Kohlhaas, den Pass musst du lösen. Sprich mit dem Schlossvogt, und zieh deiner Wege. Kohlhaas versicherte ihn, dass es gar nicht seine Absicht sei, die Verordnungen, die wegen Ausführung der Pferde bestehen möchten, zu umgehen; versprach, bei seinem Durchzug durch Dresden, den Pass in der Geheimschreiberei zu lösen, und bat, ihn nur diesmal, da er von dieser Forderung durchaus nichts gewusst, ziehen zu lassen. Nun! sprach der Junker, da eben das Wetter wieder zu stürmen anfing, und seine dürren Glieder durchsauste: lasst den Schlucker laufen. Kommt! sagte er zu den Rittern, kehrte sich um, und wollte nach dem Schlosse gehen. Der Schlossvogt sagte, zum Junker gewandt, dass er wenigstens ein Pfand, zur Sicherheit, dass er den Schein lösen würde, zurücklassen müsse. Der Junker blieb wieder unter dem Schlosstor stehen. Kohlhaas fragte, welchen Wert er denn, an Geld oder an Sachen, zum Pfande,

5

wegen der Rappen, zurücklassen solle? Der Verwalter meinte, in den Bart murmelnd, er könne ja die Rappen selbst zurücklassen. Allerdings, sagte der Schlossvogt, das ist das Zweckmäßigste; ist der Pass gelöst, so kann er sie zu jeder Zeit wieder abholen. Kohlhaas, über eine so unverschämte Forderung betreten, sagte dem Junker, der sich die Wamsschöße frierend vor den Leib hielt, dass er die Rappen ja verkaufen wolle; doch dieser, da in demselben Augenblick ein Windstoß eine ganze Last von Regen und Hagel durchs Tor jagte, rief, um der Sache ein Ende zu machen: wenn er die Pferde nicht loslassen will, so schmeißt ihn wieder über den Schlagbaum zurück; und ging ab. Der Rosskamm, der wohl sah, dass er hier der Gewalttätigkeit weichen musste, entschloss sich, die Forderung, weil doch nichts anders übrig blieb, zu erfüllen; spannte die Rappen aus, und führte sie in einen Stall, den ihm der Schlossvogt anwies. Er ließ einen Knecht bei ihnen zurück, versah ihn mit Geld, ermahnte ihn, die Pferde, bis zu seiner Zurückkunft, wohl in Acht zu nehmen, und setzte seine Reise, mit dem Rest der Koppel, halb und halb ungewiss, ob nicht doch wohl, wegen aufkeimender Pferdezucht, ein solches Gebot, im Sächsischen, erschienen sein könne, nach Leipzig, wo er auf die Messe wollte, fort.

In Dresden, wo er, in einer der Vorstädte der Stadt, ein Haus mit einigen Ställen besaß, weil er von hier aus seinen Handel auf den kleineren Märkten des Landes zu bestreiten pflegte, begab er sich, gleich nach seiner Ankunft, auf die Geheimschreiberei, wo er von den Räten, deren er einige kannte, erfuhr, was ihm allerdings sein erster Glaube schon gesagt hatte, dass die Geschichte von dem Passschein ein Märchen sei. Kohlhaas, dem die missvergnügten Räte, auf sein Ansuchen, einen schriftlichen Schein über den Ungrund derselben gaben, lächelte über den Witz des dürren Junkers, obschon er noch nicht recht einsah, was er damit bezwecken mochte; und die Koppel der Pferde, die er bei sich führte, einige Wochen darauf, zu seiner Zufriedenheit, verkauft, kehrte er, ohne irgend weiter ein bitteres Gefühl, als das der allgemeinen Not der Welt, zur Tronkenburg zurück. Der Schlossvogt, dem er den Schein zeigte, ließ sich nicht weiter darüber aus, und sagte, auf die Frage des Rosskamms, ob er die Pferde jetzt wiederbekommen könne: er möchte nur hinuntergehen und sie holen. Kohlhaas hatte aber schon, da er über den Hof ging, den unangenehmen Auftritt, zu erfahren, dass sein Knecht, ungebührlichen Betragens halber, wie es hieß, wenige Tage nach dessen Zurücklassung in der Tronkenburg, zerprügelt und weggejagt worden sei. Er fragte den Jungen, der ihm diese Nachricht gab, was denn derselbe getan? und wer während dessen die Pferde besorgt hätte? worauf dieser

aber erwiderte, er wisse es nicht, und darauf dem Rosskamm, dem
das Herz schon von Ahnungen schwoll, den Stall, in welchem sie
standen, öffnete. Wie groß war aber sein Erstaunen, als er, statt
seiner zwei glatten und wohlgenährten Rappen, ein Paar dürre,
abgehärmte Mähren erblickte; Knochen, denen man, wie Riegeln,
hätte Sachen aufhängen können; Mähnen und Haare, ohne Wartung und Pflege, zusammengeknetet: das wahre Bild des Elends
im Tierreiche! Kohlhaas, den die Pferde, mit einer schwachen Bewegung, anwieherten, war auf das Äußerste entrüstet, und fragte,
was seinen Gaulen widerfahren wäre? Der Junge, der bei ihm
stand, antwortete, dass ihnen weiter kein Unglück zugestoßen
wäre, dass sie auch das gehörige Futter bekommen hätten, dass sie
aber, da gerade Ernte gewesen sei, wegen Mangels an Zugvieh,
ein wenig auf den Feldern gebraucht worden wären. Kohlhaas
fluchte über die schändliche und abgekartete Gewalttätigkeit,
verbiss jedoch, im Gefühl seiner Ohnmacht, seinen Ingrimm, und
machte schon, da doch nichts anders übrig blieb, Anstalten, das
Raubnest mit den Pferden nur wieder zu verlassen, als der
Schlossvogt, von dem Wortwechsel herbeigerufen, erschien, und
fragte, was es hier gäbe? Was es gibt? antwortete Kohlhaas. Wer
hat dem Junker von Tronka und dessen Leuten die Erlaubnis gegeben, sich meiner bei ihm zurückgelassenen Rappen zur Feldar-
beit zu bedienen? Er setzte hinzu, ob das wohl menschlich wäre?
versuchte, die erschöpften Gaule durch einen Gertenstreich zu er-
regen, und zeigte ihm, dass sie sich nicht rührten. Der Schlossvogt, nachdem er ihn eine Weile trotzig angesehen hatte, versetzte: seht den Grobian! Ob der Flegel nicht Gott danken sollte, dass
die Mähren überhaupt noch leben? Er fragte, wer sie, da der
Knecht weggelaufen, hätte pflegen sollen? Ob es nicht billig gewesen wäre, dass die Pferde das Futter, das man ihnen gereicht habe, auf den Feldern abverdient hätten? Er schloss, dass er hier keine Flausen machen möchte, oder dass er die Hunde rufen, und
sich durch sie Ruhe im Hofe zu verschaffen wissen würde. – Dem
Rosshändler schlug das Herz gegen den Wams. Es drängte ihn,
den nichtswürdigen Dickwanst in den Kot zu werfen, und den
Fuß auf sein kupfernes Antlitz zu setzen. Doch sein Rechtgefühl,
das einer Goldwaage glich, wankte noch; er war, vor der Schranke
seiner eigenen Brust, noch nicht gewiss, ob eine Schuld seinen
Gegner drücke; und während er, die Schimpfreden nieder-
schluckend, zu den Pferden trat, und ihnen, in stiller Erwägung
der Umstände, die Mähnen zurechtlegte, fragte er mit gesenkter
Stimme: um welchen Versehens halber der Knecht denn aus der
Burg entfernt worden sei? Der Schlossvogt erwiderte: weil der

Schlingel trotzig im Hofe gewesen ist! Weil er sich gegen einen
notwendigen Stallwechsel gesträubt, und verlangt hat, dass die
Pferde zweier Jungherren, die auf die Tronkenburg kamen, um
seiner Mähren willen, auf der freien Straße übernachten sollten! –
Kohlhaas hätte den Wert der Pferde darum gegeben, wenn er den
Knecht zur Hand gehabt, und dessen Aussage mit der Aussage dieses
dickmäuligen Burgvogts hätte vergleichen können. Er
stand noch, und streifte den Rappen die Zoddeln aus, und sann,
was in seiner Lage zu tun sei, als sich die Szene plötzlich änderte,
und der Junker Wenzel von Tronka, mit einem Schwarm von Rittern,
Knechten und Hunden, von der Hasenhetze kommend, in
den Schlossplatz sprengte. Der Schlossvogt, als er fragte, was vorgefallen
sei, nahm sogleich das Wort, und während die Hunde,
beim Anblick des Fremden, von der einen Seite, ein Mordgeheul
gegen ihn anstimmten, und die Ritter ihnen, von der andern, zu
schweigen geboten, zeigte er ihm, unter der gehässigsten Entstellung
der Sache, an, was dieser Rosskamm, weil seine Rappen ein
wenig gebraucht worden wären, für eine Rebellion verführe. Er
sagte, mit Hohngelächter, dass er sich weigere, die Pferde als die
seinigen anzuerkennen. Kohlhaas rief: „das *sind* nicht meine Pferde,
gestrenger Herr! Das sind die *Pferde* nicht, die dreißig Goldgülden
wert waren! Ich will meine wohlgenährten und gesunden
Pferde wieder haben!“ – Der Junker, indem ihm eine flüchtige
Blässe ins Gesicht trat, stieg vom Pferde, und sagte: wenn der H…
A… die Pferde nicht wiedernehmen will, so mag er es bleiben lassen.
Komm, Günther! rief er – Hans! Kommt! indem er sich den
Staub mit der Hand von den Beinkleidern schüttelte; und: schafft
Wein! rief er noch, da er mit den Rittern unter der Tür war; und
ging ins Haus. Kohlhaas sagte, dass er eher den Abdecker rufen,
und die Pferde auf den Schindanger schmeißen lassen, als sie so,
wie sie wären, in seinen Stall zu Kohlhaasenbrück führen wolle.
Er ließ die Gaule, ohne sich um sie zu bekümmern, auf dem Platz
stehen, schwang sich, indem er versicherte, dass er sich Recht zu
verschaffen wissen würde, auf seinen Braunen, und ritt davon.

Spornstreichs auf dem Weg nach Dresden war er schon, als er,
bei dem Gedanken an den Knecht, und an die Klage, die man auf
der Burg gegen ihn führte, schrittweis zu reiten anfing, sein Pferd,
ehe er noch tausend Schritt gemacht hatte, wieder wandte, und zur
vorgängigen Vernehmung des Knechts, wie es ihm klug und gerecht
schien, nach Kohlhaasenbrück einbog. Denn ein richtiges,
mit der gebrechlichen Einrichtung der Welt schon bekanntes Gefühl
machte ihn, trotz der erlittenen Beleidigungen, geneigt, falls
nur wirklich dem Knecht, wie der Schlossvogt behauptete, eine

Art von Schuld beizumessen sei, den Verlust der Pferde, als eine
gerechte Folge davon, zu verschmerzen. Dagegen sagte ihm ein
ebenso vortreffliches Gefühl, und dies Gefühl fasste tiefere und
tiefere Wurzeln, in dem Maße, als er weiterritt, und überall, wo er
einkehrte, von den Ungerechtigkeiten hörte, die täglich auf der
Tronkenburg gegen die Reisenden verübt wurden: dass wenn der
ganze Vorfall, wie es allen Anschein habe, bloß abgekartet sein
sollte, er mit seinen Kräften der Welt in der Pflicht verfallen sei,
sich Genugtuung für die erlittene Kränkung, und Sicherheit für
zukünftige seinen Mitbürgern zu verschaffen.

Sobald er, bei seiner Ankunft in Kohlhaasenbrück, Lisbeth,
sein treues Weib, umarmt, und seine Kinder, die um seine Knie
frohlockten, geküsst hatte, fragte er gleich nach Herse, dem
Großknecht: und ob man nichts von ihm gehört habe? Lisbeth
sagte: ja liebster Michael, dieser Herse! Denke dir, dass dieser un-
selige Mensch, vor etwa vierzehn Tagen, auf das Jämmerlichste
zerschlagen, hier eintrifft; nein, so zerschlagen, dass er auch nicht
frei atmen kann. Wir bringen ihn zu Bett, wo er heftig Blut speit,
und vernehmen, auf unsre wiederholten Fragen, eine Geschichte,
die keiner versteht. Wie er von dir mit Pferden, denen man den
Durchgang nicht verstattet, auf der Tronkenburg zurückgelassen
worden sei, wie man ihn, durch die schändlichsten Misshandlun-
gen, gezwungen habe, die Burg zu verlassen, und wie es ihm un-
möglich gewesen wäre, die Pferde mitzunehmen. So? sagte Kohlhaas, indem er den Mantel ablegte. Ist er denn schon wieder
hergestellt? – Bis auf das Blutspeien, antwortete sie, halb und halb.
Ich wollte sogleich einen Knecht nach der Tronkenburg schicken,
um die Pflege der Rosse, bis zu deiner Ankunft daselbst, besorgen
zu lassen. Denn da sich der Herse immer wahrhaftig gezeigt hat,
und so getreu uns, in der Tat wie kein anderer, so kam es mir nicht
zu, in seine Aussage, von so viel Merkmalen unterstützt, einen
Zweifel zu setzen, und etwa zu glauben, dass er der Pferde auf eine andere Art verlustig gegangen wäre. Doch er beschwört mich,
niemandem zuzumuten, sich in diesem Raubneste zu zeigen, und
die Tiere aufzugeben, wenn ich keinen Menschen dafür aufopfern
wolle. – Liegt er denn noch im Bette? fragte Kohlhaas, indem er
sich von der Halsbinde befreite. – Er geht, erwiderte sie, seit einigen Tagen schon wieder im Hofe umher. Kurz, du wirst sehen,
fuhr sie fort, dass alles seine Richtigkeit hat, und dass diese Bege-
benheit einer von den Freveln ist, die man sich seit kurzem auf der
Tronkenburg gegen die Fremden erlaubt. – Das muss ich doch
erst untersuchen, erwiderte Kohlhaas. Ruf ihn mir, Lisbeth, wenn
er auf ist, doch her! Mit diesen Worten setzte er sich in den Lehn-

stuhl; und die Hausfrau, die sich über seine Gelassenheit sehr
freute, ging, und holte den Knecht.

Was hast du in der Tronkenburg gemacht? fragte Kohlhaas, da
Lisbeth mit ihm in das Zimmer trat. Ich bin nicht eben wohl mit
dir zufrieden. – Der Knecht, auf dessen blassem Gesicht sich, bei
diesen Worten, eine Röte fleckig zeigte, schwieg eine Weile; und:
da habt Ihr Recht, Herr! antwortete er; denn einen Schwefelfaden,
den ich durch Gottes Fügung bei mir trug, um das Raubnest, aus
dem ich verjagt worden war, in Brand zu stecken, warf ich, als ich
ein Kind darin jammern hörte, in das Elbwasser, und dachte: mag
es Gottes Blitz einäschern; ich wills nicht! – Kohlhaas sagte betroffen: wodurch aber hast du dir die Verjagung aus der Tronkenburg zugezogen? Drauf Herse: durch einen schlechten Streich,
Herr; und trocknete sich den Schweiß von der Stirn: Geschehenes
ist aber nicht zu ändern. Ich wollte die Pferde nicht auf der Feld-
arbeit zu Grunde richten lassen, und sagte, dass sie noch jung
wären und nicht gezogen hätten. – Kohlhaas erwiderte, indem er
seine Verwirrung zu verbergen suchte, dass er hierin nicht ganz
die Wahrheit gesagt, indem die Pferde schon zu Anfange des verflossenen Frühjahrs ein wenig im Geschirr gewesen wären. Du
hättest dich auf der Burg, fuhr er fort, wo du doch eine Art von
Gast warest, schon ein oder etliche Mal, wenn gerade, wegen
schleuniger Einführung der Ernte Not war, gefällig zeigen können. – Das habe ich auch getan, Herr, sprach Herse. Ich dachte, da
sie mir grämliche Gesichter machten, es wird doch die Rappen
just nicht kosten. Am dritten Vormittag spannt' ich sie vor, und
drei Fuhren Getreide führt' ich ein. Kohlhaas, dem das Herz em-
porquoll, schlug die Augen zu Boden, und versetzte: davon hat
man mir nichts gesagt, Herse! – Herse versicherte ihn, dass es so
sei. Meine Ungefälligkeit, sprach er, bestand darin, dass ich die
Pferde, als sie zu Mittag kaum ausgefressen hatten, nicht wieder
ins Joch spannen wollte; und dass ich dem Schlossvogt und dem
Verwalter, als sie mir vorschlugen frei Futter dafür anzunehmen,
und das Geld, das Ihr mir für Futterkosten zurückgelassen hattet,
in den Sack zu stecken, antwortete – ich würde ihnen sonst was
tun; mich umkehrte und wegging. – Um dieser Ungefälligkeit
aber, sagte Kohlhaas, bist du von der Tronkenburg nicht weggejagt worden. – Behüte Gott, rief der Knecht, um eine gottverges-
sene Missetat! Denn auf den Abend wurden die Pferde zweier Ritter, welche auf die Tronkenburg kamen, in den Stall geführt, und
meine an die Stalltüre angebunden. Und da ich dem Schlossvogt,
der sie daselbst einquartierte, die Rappen aus der Hand nahm, und
fragte, wo die Tiere jetzo bleiben sollten, so zeigte er mir einen

Schweinekoben an, der von Latten und Brettern an der Schloss-
mauer auferbaut war. – Du meinst, unterbrach ihn Kohlhaas, es
war ein so schlechtes Behältnis für Pferde, dass es einem Schweinekoben ähnlicher war, als einem Stall. – Es war ein Schweinekoben, Herr, antwortete Herse; wirklich und wahrhaftig ein
Schweinekoben, in welchem die Schweine aus- und einliefen, und
ich nicht aufrecht stehen konnte. – Vielleicht war sonst kein Un-
terkommen für die Rappen aufzufinden, versetzte Kohlhaas; die
Pferde der Ritter gingen, auf eine gewisse Art, vor. – Der Platz, erwiderte der Knecht, indem er die Stimme fallen ließ, war eng. Es
hauseten jetzt in allem sieben Ritter auf der Burg. Wenn Ihr es gewesen wäret, Ihr hättet die Pferde ein wenig zusammenrücken lassen. Ich sagte, ich wolle mir im Dorf einen Stall zu mieten suchen;
doch der Schlossvogt versetzte, dass er die Pferde unter seinen
Augen behalten müsse, und dass ich mich nicht unterstehen solle,
sie vom Hofe wegzuführen. – Hm! sagte Kohlhaas. Was gabst du
darauf an? – Weil der Verwalter sprach, die beiden Gäste würden
bloß übernachten, und am andern Morgen weiterreiten, so führte
ich die Pferde in den Schweinekoben hinein. Aber der folgende
Tag verfloss, ohne dass es geschah; und als der dritte anbrach, hieß
es, die Herren würden noch einige Wochen auf der Burg verwei-
len. – Am Ende wars nicht so schlimm, Herse, im Schweinekoben,
sagte Kohlhaas, als es dir, da du zuerst die Nase hineinstecktest,
vorkam. –'s ist wahr, erwiderte jener. Da ich den Ort ein bissel
ausfegte, gings an. Ich gab der Magd einen Groschen, dass sie die
Schweine woanders einstecke. Und den Tag über bewerkstelligte
ich auch, dass die Pferde aufrecht stehen konnten, indem ich die
Bretter oben, wenn der Morgen dämmerte, von den Latten abnahm, und abends wieder auflegte. Sie guckten nun, wie Gänse,
aus dem Dach vor, und sahen sich nach Kohlhaasenbrück, oder
sonst, wo es besser ist, um. – Nun denn, fragte Kohlhaas, warum
also, in aller Welt, jagte man dich fort? – Herr, ich sags Euch, versetzte der Knecht, weil man meiner los sein wollte. Weil sie die
Pferde, so lange ich dabei war, nicht zu Grunde richten konnten.
Überall schnitten sie mir, im Hofe und in der Gesindestube, wi-
derwärtige Gesichter; und weil ich dachte, zieht ihr die Mäuler,
dass sie verrenken, so brachen sie die Gelegenheit vom Zaune, und
warfen mich vom Hofe herunter. – Aber die Veranlassung! rief
Kohlhaas. Sie werden doch irgendeine Veranlassung gehabt haben! – O allerdings, antwortete Herse, und die allergerechteste.
Ich nahm, am Abend des zweiten Tages, den ich im Schweinekoben zugebracht, die Pferde, die sich darin doch zugesudelt hatten,
und wollte sie zur Schwemme reiten. Und da ich eben unter dem

Schlosstore bin, und mich wenden will, hör ich den Vogt und den
Verwalter, mit Knechten, Hunden und Prügeln, aus der Gesindestube, hinter mir herstürzen, und: halt, den Spitzbuben! rufen:
halt, den Galgenstrick! als ob sie besessen wären. Der Torwächter
tritt mir in den Weg; und da ich ihn und den rasenden Haufen, der
auf mich anläuft, frage: was auch gibts? was es gibt? antwortete
der Schlossvogt; und greift meinen beiden Rappen in den Zügel.
Wo will Er hin mit den Pferden? fragte er, und packt mich an die
Brust. Ich sage, wo ich hin will? Himmeldonner! Zur Schwemme
will ich reiten. Denkt Er, dass ich –? Zur Schwemme? ruft der
Schlossvogt. Ich will dich, Gauner, auf der Heerstraße, nach
Kohlhaasenbrück schwimmen lehren! und schmeißt mich, mit einem hämischen Mordzug, er und der Verwalter, der mir das Bein
gefasst hat, vom Pferd herunter, dass ich mich, lang wie ich bin, in
den Kot messe. Mord! Hagel! ruf ich, Sielzeug und Decken liegen,
und ein Bündel Wäsche von mir, im Stall; doch er und die Knechte, indessen der Verwalter die Pferde wegführt, mit Füßen und
Peitschen und Prügeln über mich her, dass ich halb tot hinter dem
Schlosstor niedersinke. Und da ich sage: die Raubhunde! Wo
führen sie mir die Pferde hin? und mich erhebe: heraus aus dem
Schlosshof! schreit der Vogt, und: hetz, Kaiser! hetz, Jäger! er-
schallt es, und: hetz, Spitz! und eine Koppel von mehr denn zwölf
Hunden fällt über mich her. Drauf brech ich, war es eine Latte, ich
weiß nicht was, vom Zaune, und drei Hunde tot streck ich neben
mir nieder; doch da ich, von jämmerlichen Zerfleischungen ge-
quält, weichen muss: Flüt! gellt eine Pfeife; die Hunde in den Hof,
die Torflügel zusammen, der Riegel vor: und auf der Straße ohnmächtig sink ich nieder. – Kohlhaas sagte, bleich im Gesicht, mit
erzwungener Schelmerei: hast du auch nicht entweichen wollen,
Herse? Und da dieser, mit dunkler Röte, vor sich niedersah: ge-
steh mirs, sagte er; es gefiel dir im Schweinekoben nicht; du dach-
test, im Stall zu Kohlhaasenbrück ists doch besser. – Himmel-
schlag! rief Herse: Sielzeug und Decken ließ ich ja, und einen
Bündel Wäsche, im Schweinekoben zurück. Würd ich drei
Reichsgülden nicht zu mir gesteckt haben, die ich, im rotseidnen
Halstuch, hinter der Krippe versteckt hatte? Blitz, Höll und Teufel! Wenn Ihr so sprecht, so möcht ich nur gleich den Schwefelfaden, den ich wegwarf, wieder anzünden! Nun, nun! sagte der
Rosshändler; es war eben nicht böse gemeint! Was du gesagt hast,
schau, Wort für Wort, ich glaub es dir; und das Abendmahl, wenn
es zur Sprache kommt, will ich selbst nun darauf nehmen. Es tut
mir Leid, dass es dir in meinen Diensten nicht besser ergangen ist;
geh, Herse, geh zu Bett, lass dir eine Flasche Wein geben, und

tröste dich: dir soll Gerechtigkeit widerfahren! Und damit stand
er auf, fertigte ein Verzeichnis der Sachen an, die der Großknecht
im Schweinekoben zurückgelassen; spezifizierte den Wert derselben, fragte ihn auch, wie hoch er die Kurkosten anschlage; und
ließ ihn, nachdem er ihm noch einmal die Hand gereicht, abtreten.

Hierauf erzählte er Lisbeth, seiner Frau, den ganzen Verlauf
und inneren Zusammenhang der Geschichte, erklärte ihr, wie er
entschlossen sei, die öffentliche Gerechtigkeit für sich aufzufordern, und hatte die Freude, zu sehen, dass sie ihn, in diesem Vor-
satz, aus voller Seele bestärkte. Denn sie sagte, dass noch mancher
andre Reisende, vielleicht minder duldsam, als er, über jene Burg
ziehen würde; dass es ein Werk Gottes wäre, Unordnungen,
gleich diesen, Einhalt zu tun; und dass sie die Kosten, die ihm die
Führung des Prozesses verursachen würde, schon beitreiben wolle. Kohlhaas nannte sie sein wackeres Weib, erfreute sich diesen
und den folgenden Tag in ihrer und seiner Kinder Mitte, und
brach, sobald es seine Geschäfte irgend zuließen, nach Dresden
auf, um seine Klage vor Gericht zu bringen.

Hier verfasste er, mit Hülfe eines Rechtsgelehrten, den er kannte, eine Beschwerde, in welcher er, nach einer umständlichen
Schilderung des Frevels, den der Junker Wenzel von Tronka, an
ihm sowohl, als an seinem Knecht Herse, verübt hatte, auf gesetz-
mäßige Bestrafung desselben, Wiederherstellung der Pferde in
den vorigen Stand, und auf Ersatz des Schadens antrug, den er sowohl, als sein Knecht, dadurch erlitten hatten. Die Rechtssache
war in der Tat klar. Der Umstand, dass die Pferde gesetzwidriger
Weise festgehalten worden waren, warf ein entscheidendes Licht
auf alles Übrige; und selbst wenn man hätte annehmen wollen,
dass die Pferde durch einen bloßen Zufall erkrankt wären, so würde die Forderung des Rosskamms, sie ihm gesund wieder zuzu-
stellen, noch gerecht gewesen sein. Es fehlte Kohlhaas auch,
während er sich in der Residenz umsah, keineswegs an Freunden,
die seine Sache lebhaft zu unterstützen versprachen; der ausge-
breitete Handel, den er mit Pferden trieb, hatte ihm die Bekannt-
schaft, und die Redlichkeit, mit welcher er dabei zu Werke ging,
ihm das Wohlwollen der bedeutendsten Männer des Landes verschafft. Er speisete bei seinem Advokaten, der selbst ein ansehnlicher Mann war, mehrere Mal heiter zu Tisch; legte eine Summe
Geldes, zur Bestreitung der Prozesskosten, bei ihm nieder; und
kehrte, nach Verlauf einiger Wochen, völlig von demselben über
den Ausgang seiner Rechtssache beruhigt, zu Lisbeth, seinem
Weibe, nach Kohlhaasenbrück zurück. Gleichwohl vergingen
Monate, und das Jahr war daran, abzuschließen, bevor er, von

Sachsen aus, auch nur eine Erklärung über die Klage, die er daselbst anhängig gemacht hatte, geschweige denn die Resolution selbst, erhielt. Er fragte, nachdem er mehrere Male von neuem bei dem Tribunal eingekommen war, seinen Rechtsgehülfen, in einem vertrauten Briefe, was eine so übergroße Verzögerung verursache; und erfuhr, dass die Klage, auf eine höhere Insinuation, bei dem Dresdner Gerichtshofe, gänzlich niedergeschlagen worden sei. – Auf die befremdete Rückschrift des Rosskamms, worin dies seinen Grund habe, meldete ihm jener: dass der Junker Wenzel von Tronka mit zwei Jungherren, Hinz und Kunz von Tronka, verwandt sei, deren einer, bei der Person des Herrn, Mundschenk, der andre gar Kämmerer sei. – Er riet ihm noch, er möchte, ohne weitere Bemühungen bei der Rechtsinstanz, seiner, auf der Tronkenburg befindlichen, Pferde wieder habhaft zu werden suchen; gab ihm zu verstehen, dass der Junker, der sich jetzt in der Hauptstadt aufhalte, seine Leute angewiesen zu haben scheine, sie ihm auszuliefern; und schloss mit dem Gesuch, ihn wenigstens, falls er sich hiermit nicht beruhigen wolle, mit ferneren Aufträgen in dieser Sache zu verschonen.

Kohlhaas befand sich um diese Zeit gerade in Brandenburg, wo der Stadthauptmann, Heinrich von Geusau, unter dessen Regierungsbezirk Kohlhaasenbrück gehörte, eben beschäftigt war, aus einem beträchtlichen Fonds, der der Stadt zugefallen war, mehrere wohltätige Anstalten, für Kranke und Arme, einzurichten. Besonders war er bemüht, einen mineralischen Quell, der auf einem Dorf in der Gegend sprang, und von dessen Heilkräften man sich mehr, als die Zukunft nachher bewährte, versprach, für den Gebrauch der Presshaften einzurichten; und da Kohlhaas ihm, wegen manchen Verkehrs, in dem er, zur Zeit seines Aufenthalts am Hofe, mit demselben gestanden hatte, bekannt war, so erlaubte er Hersen, dem Großknecht, dem ein Schmerz beim Atemholen über der Brust, seit jenem schlimmen Tage auf der Tronkenburg, zurückgeblieben war, die Wirkung der kleinen, mit Dach und Einfassung versehenen, Heilquelle zu versuchen. Es traf sich, dass der Stadthauptmann eben, am Rande des Kessels, in welchen Kohlhaas den Herse gelegt hatte, gegenwärtig war, um einige Anordnungen zu treffen, als jener, durch einen Boten, den ihm seine Frau nachschickte, den niederschlagenden Brief seines Rechtsgehülfen aus Dresden empfing. Der Stadthauptmann, der, während er mit dem Arzte sprach, bemerkte, dass Kohlhaas eine Träne auf den Brief, den er bekommen und eröffnet hatte, fallen ließ, näherte sich ihm, auf eine freundliche und herzliche Weise, und fragte ihn, was für ein Unfall ihn betroffen; und da der Ross-

händler ihm, ohne ihm zu antworten, den Brief überreichte: so
klopfte ihm dieser würdige Mann, dem die abscheuliche Ungerechtigkeit, die man auf der Tronkenburg an ihm verübt hatte,
und an deren Folgen Herse eben, vielleicht auf die Lebenszeit,
krank danieder lag, bekannt war, auf die Schulter, und sagte ihm:
er solle nicht mutlos sein; er werde ihm zu seiner Genugtuung verhelfen! Am Abend, da sich der Rosskamm, seinem Befehl gemäß,
zu ihm aufs Schloss begeben hatte, sagte er ihm, dass er nur eine
Supplik, mit einer kurzen Darstellung des Vorfalls, an den Kurfürsten von Brandenburg aufsetzen, den Brief des Advokaten bei-
legen, und wegen der Gewalttätigkeit, die man sich, auf sächsischem Gebiet, gegen ihn erlaubt, den landesherrlichen Schutz
aufrufen möchte. Er versprach ihm, die Bittschrift, unter einem
anderen Paket, das schon bereitliege, in die Hände des Kurfürsten
zu bringen, der seinethalb unfehlbar, wenn es die Verhältnisse zuließen, bei dem Kurfürsten von Sachsen einkommen würde; und
mehr als eines solchen Schrittes bedürfe es nicht, um ihm bei dem
Tribunal in Dresden, den Künsten des Junkers und seines Anhan-
ges zum Trotz, Gerechtigkeit zu verschaffen. Kohlhaas, lebhaft
erfreut, dankte dem Stadthauptmann, für diesen neuen Beweis
seiner Gewogenheit, aufs Herzlichste; sagte, es tue ihm nur Leid,
dass er nicht, ohne irgend Schritte in Dresden zu tun, seine Sache
gleich in Berlin anhängig gemacht habe; und nachdem er, in der
Schreiberei des Stadtgerichts, die Beschwerde, ganz den Forde-
rungen gemäß, verfasst, und dem Stadthauptmann übergeben hatte, kehrte er, beruhigter über den Ausgang seiner Geschichte, als
je, nach Kohlhaasenbrück zurück. Er hatte aber schon, in wenig
Wochen, den Kummer, durch einen Gerichtsherrn, der in Geschäften des Stadthauptmanns nach Potsdam ging, zu erfahren,
dass der Kurfürst die Supplik seinem Kanzler, dem Grafen Kallheim, übergeben habe, und dass dieser nicht unmittelbar, wie es
zweckmäßig schien, bei dem Hofe zu Dresden, um Untersuchung
und Bestrafung der Gewalttat, sondern um vorläufige, nähere Information bei dem Junker von Tronka eingekommen sei. Der Gerichtsherr, der, vor Kohlhaasens Wohnung, im Wagen haltend,
den Auftrag zu haben schien, dem Rosshändler diese Eröffnung
zu machen, konnte ihm auf die betroffene Frage: warum man also
verfahren? keine befriedigende Auskunft geben. Er fügte nur
noch hinzu: der Stadthauptmann ließe ihm sagen, er möchte sich
in Geduld fassen; schien bedrängt, seine Reise fortzusetzen; und
erst am Schluss der kurzen Unterredung erriet Kohlhaas, aus einigen hingeworfenen Worten, dass der Graf Kallheim mit dem
Hause derer von Tronka verschwägert sei. – Kohlhaas, der keine

15

Freude mehr, weder an seiner Pferdezucht, noch an Haus und
Hof, kaum an Weib und Kind hatte, durchharrte, in trüber Ahn-
dung der Zukunft, den nächsten Mond; und ganz seiner Erwar-
tung gemäß kam, nach Verlauf dieser Zeit, Herse, dem das Bad einige Linderung verschafft hatte, von Brandenburg zurück, mit
einem, ein größeres Reskript begleitenden, Schreiben des Stadthauptmanns, des Inhalts: es tue ihm Leid, dass er nichts in seiner
Sache tun könne; er schicke ihm eine, an ihn ergangene, Resolution der Staatskanzlei, und rate ihm, die Pferde, die er in der Tronkenburg zurückgelassen, wieder abführen, und die Sache übrigens
ruhen zu lassen. – Die Resolution lautete: „er sei, nach dem Bericht des Tribunals in Dresden, ein unnützer Querulant; der Junker, bei dem er die Pferde zurückgelassen, halte ihm dieselben, auf
keine Weise, zurück; er möchte nach der Burg schicken, und sie
holen, oder dem Junker wenigstens wissen lassen, wohin er sie
ihm senden solle; die Staatskanzlei aber, auf jeden Fall, mit solchen Plackereien und Stänkereien verschonen." Kohlhaas, dem es
nicht um die Pferde zu tun war – er hätte gleichen Schmerz emp-
funden, wenn es ein Paar Hunde gegolten hätte – Kohlhaas
schäumte vor Wut, als er diesen Brief empfing. Er sah, so oft sich
ein Geräusch im Hofe hören ließ, mit der widerwärtigsten Erwar-
tung, die seine Brust jemals bewegt hatte, nach dem Torwege, ob
die Leute des Jungherren erscheinen, und ihm, vielleicht gar mit
einer Entschuldigung, die Pferde, abgehungert und abgehärmt,
wieder zustellen würden; der einzige Fall, in welchem seine von
der Welt wohlerzogene Seele, auf nichts das ihrem Gefühl völlig
entsprach gefasst war. Er hörte aber in kurzer Zeit schon, durch
einen Bekannten, der die Straße gereiset war, dass die Gaule auf
der Tronkenburg, nach wie vor, den übrigen Pferden des Land-
junkers gleich, auf dem Felde gebraucht würden; und mitten
durch den Schmerz, die Welt in einer so ungeheuren Unordnung
zu erblicken, zuckte die innerliche Zufriedenheit empor, seine
eigne Brust nunmehr in Ordnung zu sehen. Er lud einen Amtmann, seinen Nachbar, zu sich, der längst mit dem Plan umgegan-
gen war, seine Besitzungen durch den Ankauf der, ihre Grenze
berührenden, Grundstücke zu vergrößern, und fragte ihn, nachdem sich derselbe bei ihm niedergelassen, was er für seine Besitzungen, im Brandenburgischen und im Sächsischen, Haus und
Hof, in Pausch und Bogen, es sei nagelfest oder nicht, geben wolle? Lisbeth, sein Weib, erblasste bei diesen Worten. Sie wandte
sich, und hob ihr Jüngstes auf, das hinter ihr auf dem Boden spielte, Blicke, in welchen sich der Tod malte, bei den roten Wangen
des Knaben vorbei, der mit ihren Halsbändern spielte, auf den

Rosskamm, und ein Papier werfend, das er in der Hand hielt. Der
Amtmann fragte, indem er ihn befremdet ansah, was ihn plötzlich
auf so sonderbare Gedanken bringe; worauf jener, mit so viel Hei-
terkeit, als er erzwingen konnte, erwiderte: der Gedanke, seinen
Meierhof, an den Ufern der Havel, zu verkaufen, sei nicht allzu
neu; sie hätten beide schon oft über diesen Gegenstand verhandelt; sein Haus in der Vorstadt in Dresden sei, in Vergleich damit,
ein bloßer Anhang, der nicht in Erwägung komme; und kurz,
wenn er ihm seinen Willen tun, und beide Grundstücke übernehmen wolle, so sei er bereit, den Kontrakt darüber mit ihm abzuschließen. Er setzte, mit einem etwas erzwungenen Scherz hinzu,
Kohlhaasenbrück sei ja nicht die Welt; es könne Zwecke geben, in
Vergleich mit welchen, seinem Hauswesen, als ein ordentlicher
Vater, vorzustehen, untergeordnet und nichtswürdig sei; und
kurz, seine Seele, müsse er ihm sagen, sei auf große Dinge gestellt,
von welchen er vielleicht bald hören werde. Der Amtmann, durch
diese Worte beruhigt, sagte, auf eine lustige Art, zur Frau, die das
Kind einmal über das andere küsste: er werde doch nicht gleich
Bezahlung verlangen? legte Hut und Stock, die er zwischen den
Knien gehalten hatte, auf den Tisch, und nahm das Blatt, das der
Rosskamm in der Hand hielt, um es zu durchlesen. Kohlhaas, indem er demselben näher rückte, erklärte ihm, dass es ein von ihm
aufgesetzter eventueller in vier Wochen verfallener Kaufkontrakt
sei; zeigte ihm, dass darin nichts fehle, als die Unterschriften, und
die Einrückung der Summen, sowohl was den Kaufpreis selbst, als
auch den Reukauf, d. h. die Leistung betreffe, zu der er sich, falls
er binnen vier Wochen zurückträte, verstehen wolle; und forderte ihn noch einmal munter auf, ein Gebot zu tun, indem er ihm
versicherte, dass er billig sein, und keine großen Umstände machen würde. Die Frau ging in der Stube auf und ab; ihre Brust flog,
dass das Tuch, an welchem der Knabe gezupft hatte, ihr völlig von
der Schulter herabzufallen drohte. Der Amtmann sagte, dass er ja
den Wert der Besitzung in Dresden keineswegs beurteilen könne;
worauf ihm Kohlhaas, Briefe, die bei ihrem Ankauf gewechselt
worden waren, hinschiebend, antwortete: dass er sie zu 100 Goldgülden anschlage; obschon daraus hervorging, dass sie ihm fast
um die Hälfte mehr gekostet hatte. Der Amtmann, der den Kaufkontrakt noch einmal überlas, und darin auch von seiner Seite, auf
eine sonderbare Art, die Freiheit stipuliert fand, zurückzutreten,
sagte, schon halb entschlossen: dass er ja die Gestütpferde, die in
seinen Ställen wären, nicht brauchen könne; doch da Kohlhaas erwiderte, dass er die Pferde auch gar nicht loszuschlagen willens
sei, und dass er auch einige Waffen, die in der Rüstkammer hin-

gen, für sich behalten wolle, so – zögerte jener noch und zögerte, und wiederholte endlich ein Gebot, das er ihm vor kurzem schon einmal, halb im Scherz, halb im Ernst, nichtswürdig gegen den Wert der Besitzung, auf einem Spaziergange gemacht hatte. Kohlhaas schob ihm Tinte und Feder hin, um zu schreiben; und da der Amtmann, der seinen Sinnen nicht traute, ihn noch einmal gefragt hatte, ob es sein Ernst sei? und der Rosskamm ihm ein wenig empfindlich geantwortet hatte: ob er glaube, dass er bloß seinen Scherz mit ihm treibe? so nahm jener zwar, mit einem bedenklichen Gesicht, die Feder, und schrieb; dagegen durchstrich er den Punkt, in welchem von der Leistung, falls dem Verkäufer der Handel gereuen sollte, die Rede war; verpflichtete sich zu einem Darlehn von 100 Goldgülden, auf die Hypothek des Dresdenschen Grundstücks, das er auf keine Weise käuflich an sich bringen wollte; und ließ ihm, binnen zwei Monaten völlige Freiheit, von dem Handel wieder zurückzutreten. Der Rosskamm, von diesem Verfahren gerührt, schüttelte ihm mit vieler Herzlichkeit die Hand; und nachdem sie noch, welches eine Hauptbedingung war, übereingekommen waren, dass des Kaufpreises vierter Teil unfehlbar gleich bar, und der Rest, in drei Monaten, in der Hamburger Bank, gezahlt werden sollte, rief jener nach Wein, um sich eines so glücklich abgemachten Geschäfts zu erfreuen. Er sagte einer Magd, die mit den Flaschen hereintrat, Sternbald, der Knecht, solle ihm den Fuchs satteln; er müsse, gab er an, nach der Hauptstadt reiten, wo er Verrichtungen habe; und gab zu verstehen, dass er in kurzem, wenn er zurückkehre, sich offenherziger über das, was er jetzt noch für sich behalten müsse, auslassen würde. Hierauf, indem er die Gläser einschenkte, fragte er nach dem Polen und Türken, die gerade damals miteinander im Streit lagen; verwickelte den Amtmann in mancherlei politische Konjekturen darüber; trank ihm schlüsslich hierauf noch einmal das Gedeihen ihres Geschäfts zu, und entließ ihn. – Als der Amtmann das Zimmer verlassen hatte, fiel Lisbeth auf Knien vor ihm nieder. Wenn du mich irgend, rief sie, mich und die Kinder, die ich dir geboren habe, in deinem Herzen trägst; wenn wir nicht im Voraus schon, um welcher Ursach willen, weiß ich nicht, verstoßen sind: so sage mir, was diese entsetzlichen Anstalten zu bedeuten haben! Kohlhaas sagte: liebstes Weib, nichts, das dich noch, so wie die Sachen stehn, beunruhigen dürfte. Ich habe eine Resolution erhalten, in welcher man mir sagt, dass meine Klage gegen den Junker Wenzel von Tronka eine nichtsnutzige Stänkerei sei. Und weil hier ein Missverständnis obwalten muss: so habe ich mich entschlossen, meine Klage noch einmal, persönlich bei dem Landesherrn selbst, einzureichen. –

18

Warum willst du dein Haus verkaufen? rief sie, indem sie mit einer verstörten Gebärde, aufstand. Der Rosskamm, indem er sie sanft an seine Brust drückte, erwiderte: weil ich in einem Lande, liebste Lisbeth, in welchem man mich, in meinen Rechten, nicht schützen will, nicht bleiben mag. Lieber ein Hund sein, wenn ich von Füßen getreten werden soll, als ein Mensch! Ich bin gewiss, dass meine Frau hierin so denkt, als ich. – Woher weißt du, fragte jene wild, dass man dich in deinen Rechten nicht schützen wird? Wenn du dem Herrn bescheiden, wie es dir zukommt, mit deiner Bittschrift nahst: woher weißt du, dass sie beiseite geworfen, oder mit Verweigerung, dich zu hören, beantwortet werden wird? – Wohlan, antwortete Kohlhaas, wenn meine Furcht hierin ungegründet ist, so ist auch mein Haus noch nicht verkauft. Der Herr selbst, weiß ich, ist gerecht; und wenn es mir nur gelingt, durch die, die ihn umringen, bis an seine Person zu kommen, so zweifle ich nicht, ich verschaffe mir Recht, und kehre fröhlich, noch ehe die Woche verstreicht, zu dir und meinen alten Geschäften zurück. Möcht ich alsdann noch, setzt er hinzu, indem er sie küsste, bis an das Ende meines Lebens bei dir verharren! – Doch ratsam ist es, fuhr er fort, dass ich mich auf jeden Fall gefasst mache; und daher wünschte ich, dass du dich, auf einige Zeit, wenn es sein kann, entferntest, und mit den Kindern zu deiner Muhme nach Schwerin gingst, die du überdies längst hast besuchen wollen. – Wie? rief die Hausfrau. Ich soll nach Schwerin gehen? Über die Grenze mit den Kindern, zu meiner Muhme nach Schwerin? Und das Entsetzen erstickte ihr die Sprache. – Allerdings, antwortete Kohlhaas, und das, wenn es sein kann, gleich, damit ich in den Schritten, die ich für meine Sache tun will, durch keine Rücksichten gestört werde. – „Oh! ich verstehe dich!", rief sie. „Du brauchst jetzt nichts mehr, als Waffen und Pferde; alles andere kann nehmen, wer will!" Und damit wandte sie sich, warf sich auf einen Sessel nieder, und weinte. – Kohlhaas sagte betroffen: liebste Lisbeth, was machst du? Gott hat mich mit Weib und Kindern und Gütern gesegnet; soll ich heute zum ersten Mal wünschen, dass es anders wäre? – – – Er setzte sich zu ihr, die ihm, bei diesen Worten, errötend um den Hals gefallen war, freundlich nieder. – Sag mir an, sprach er, indem er ihr die Locken von der Stirne strich: was soll ich tun? Soll ich meine Sache aufgeben? Soll ich nach der Tronkenburg gehen, und den Ritter bitten, dass er mir die Pferde wiedergebe, mich aufschwingen, und sie dir herreiten? – Lisbeth wagte nicht: ja! ja! ja! zu sagen – sie schüttelte weinend mit dem Kopf, sie drückte ihn heftig an sich, und überdeckte mit heißen Küssen seine Brust. „Nun also!", rief Kohlhaas. „Wenn du

fühlst, dass mir, falls ich mein Gewerbe forttreiben soll, Recht
werden muss: so gönne mir auch die Freiheit, die mir nötig ist, es
mir zu verschaffen!" Und damit stand er auf, und sagte dem
Knecht, der ihm meldete, dass der Fuchs gesattelt stünde: morgen
müssten auch die Braunen eingeschirrt werden, um seine Frau
nach Schwerin zu führen. Lisbeth sagte: sie habe einen Einfall! Sie
erhob sich, wischte sich die Tränen aus den Augen, und fragte ihn,
der sich an einem Pult niedergesetzt hatte: ob er ihr die Bittschrift
geben, und sie, statt seiner, nach Berlin gehen lassen wolle, um sie
dem Landesherrn zu überreichen. Kohlhaas, von dieser Wendung, um mehr als einer Ursach willen, gerührt, zog sie auf seinen
Schoß nieder, und sprach: liebste Frau, das ist nicht wohl möglich!
Der Landesherr ist vielfach umringt, mancherlei Verdrießlichkei-
ten ist der ausgesetzt, der ihm naht. Lisbeth versetzte, dass es in
tausend Fällen einer Frau leichter sei, als einem Mann, ihm zu na-
hen. Gib mir die Bittschrift, wiederholte sie; und wenn du weiter
nichts willst, als sie in seinen Händen wissen, so verbürge ich mich
dafür: er soll sie bekommen! Kohlhaas, der von ihrem Mut sowohl, als ihrer Klugheit, mancherlei Proben hatte, fragte, wie sie
es denn anzustellen denke; worauf sie, indem sie verschämt vor
sich niedersah, erwiderte: dass der Kastellan des kurfürstlichen
Schlosses, in früheren Zeiten, da er zu Schwerin in Diensten gestanden, um sie geworben habe; dass derselbe zwar jetzt verheira-
tet sei, und mehrere Kinder habe; dass sie aber immer noch nicht
ganz vergessen wäre; – und kurz, dass er es ihr nur überlassen
möchte, aus diesem und manchem andern Umstand, der zu beschreiben zu weitläufig wäre, Vorteil zu ziehen. Kohlhaas küsste
sie mit vieler Freude, sagte, dass er ihren Vorschlag annähme, be-
lehrte sie, dass es weiter nichts bedürfe, als einer Wohnung bei der
Frau desselben, um den Landesherrn, im Schlosse selbst, anzutre-
ten, gab ihr die Bittschrift, ließ die Braunen anspannen, und schickte sie mit Sternbald, seinem treuen Knecht, wohl eingepackt ab.
  Diese Reise war aber von allen erfolglosen Schritten, die er in
seiner Sache getan hatte, der allerunglücklichste. Denn schon nach
wenig Tagen zog Sternbald in den Hof wieder ein, Schritt vor
Schritt den Wagen führend, in welchem die Frau, mit einer gefährlichen Quetschung an der Brust, ausgestreckt darnieder lag.
Kohlhaas, der bleich an das Fuhrwerk trat, konnte nichts Zusam-
menhängendes über das, was dieses Unglück verursacht hatte, erfahren. Der Kastellan war, wie der Knecht sagte, nicht zu Hause
gewesen; man war also genötigt worden, in einem Wirtshause, das
in der Nähe des Schlosses lag, abzusteigen; dies Wirtshaus hatte
Lisbeth am andern Morgen verlassen, und dem Knecht befohlen,

bei den Pferden zurückzubleiben; und eher nicht, als am Abend,
sei sie, in diesem Zustand, zurückgekommen. Es schien, sie hatte
sich zu dreist an die Person des Landesherrn vorgedrängt, und,
ohne Verschulden desselben, von dem bloßen rohen Eifer einer
Wache, die ihn umringte, einen Stoß, mit dem Schaft einer Lanze,
vor die Brust erhalten. Wenigstens berichteten die Leute so, die
sie, in bewusstlosem Zustand, gegen Abend in den Gasthof brachten; denn sie selbst konnte, von aus dem Mund vorquellendem
Blute gehindert, wenig sprechen. Die Bittschrift war ihr nachher
durch einen Ritter abgenommen worden. Sternbald sagte, dass es
sein Wille gewesen sei, sich gleich auf ein Pferd zu setzen, und ihm
von diesem unglücklichen Vorfall Nachricht zu geben; doch sie
habe, trotz der Vorstellungen des herbeigerufenen Wundarztes,
darauf bestanden, ohne alle vorgängige Benachrichtigungen, zu
ihrem Manne nach Kohlhaasenbrück abgeführt zu werden. Kohlhaas brachte sie, die von der Reise völlig zu Grunde gerichtet worden war, in ein Bett, wo sie, unter schmerzhaften Bemühungen,
Atem zu holen, noch einige Tage lebte. Man versuchte vergebens,
ihr das Bewusstsein wieder zu geben, um über das, was vorgefallen war, einige Aufschlüsse zu erhalten; sie lag, mit starrem, schon
gebrochenen Auge, da, und antwortete nicht. Nur kurz vor ihrem
Tode kehrte ihr noch einmal die Besinnung wieder. Denn da ein
Geistlicher lutherischer Religion (zu welchem eben damals auf-
keimenden Glauben sie sich, nach dem Beispiel ihres Mannes, bekannt hatte) neben ihrem Bette stand, und ihr mit lauter und emp-
findlich-feierlicher Stimme, ein Kapitel aus der Bibel vorlas: so
sah sie ihn plötzlich, mit einem finstern Ausdruck an, nahm ihm,
als ob ihr daraus nichts vorzulesen wäre, die Bibel aus der Hand,
blätterte und blätterte, und schien etwas darin zu suchen; und
zeigte dem Kohlhaas, der an ihrem Bette saß, mit dem Zeigefinger,
den Vers: „Vergib deinen Feinden; tue wohl auch denen, die dich
hassen." – Sie drückte ihm dabei mit einem überaus seelenvollen
Blick die Hand, und starb. – Kohlhaas dachte: „so möge mir Gott
nie vergeben, wie ich dem Junker vergebe!", küsste sie, indem ihm
häufig die Tränen flossen, drückte ihr die Augen zu, und verließ
das Gemach. Er nahm die hundert Goldgülden, die ihm der Amtmann schon, für die Ställe in Dresden, zugefertigt hatte, und bestellte ein Leichenbegängnis, das weniger für sie, als für eine Fürs-
tin, angeordnet schien: ein eichener Sarg, stark mit Metall beschlagen, Kissen von Seide, mit goldnen und silbernen Troddeln, und
ein Grab von acht Ellen Tiefe, mit Feldsteinen gefüttert und Kalk.
Er stand selbst, sein Jüngstes auf dem Arm, bei der Gruft, und sah
der Arbeit zu. Als der Begräbnistag kam, ward die Leiche, weiß

wie Schnee, in einen Saal aufgestellt, den er mit schwarzem Tuch
hatte beschlagen lassen. Der Geistliche hatte eben eine rührende
Rede an ihrer Bahre vollendet, als ihm die landesherrliche Resolution auf die Bittschrift zugestellt ward, welche die Abgeschiedene
übergeben hatte, des Inhalts: er solle die Pferde von der Tronkenburg abholen, und bei Strafe, in das Gefängnis geworfen zu werden, nicht weiter in dieser Sache einkommen. Kohlhaas steckte
den Brief ein, und ließ den Sarg auf den Wagen bringen. Sobald der
Hügel geworfen, das Kreuz darauf gepflanzt, und die Gäste, die
die Leiche bestattet hatten, entlassen waren, warf er sich noch einmal vor ihrem, nun verödeten Bette nieder, und übernahm sodann
das Geschäft der Rache. Er setzte sich nieder und verfasste einen
Rechtsschluss, in welchem er den Junker Wenzel von Tronka,
kraft der ihm angeborenen Macht, verdammte, die Rappen, die er
ihm abgenommen, und auf den Feldern zu Grunde gerichtet, binnen drei Tagen nach Sicht, nach Kohlhaasenbrück zu führen, und
in Person in seinen Ställen dick zu füttern. Diesen Schluss sandte
er durch einen reitenden Boten an ihn ab, und instruierte denselben, flugs nach Übergabe des Papiers, wieder bei ihm in Kohlhaasenbrück zu sein. Da die drei Tage, ohne Überlieferung der Pferde, verflossen, so rief er Hersen; eröffnete ihm, was er dem
Jungherrn, die Dickfütterung derselben anbetreffend, aufgegeben; fragte ihn zweierlei, ob er mit ihm nach der Tronkenburg reiten und den Jungherrn holen; auch, ob er über den Hergeholten,
wenn er bei Erfüllung des Rechtsschlusses, in den Ställen von
Kohlhaasenbrück, faul sei, die Peitsche führen wolle? und da Herse, so wie er ihn nur verstanden hatte: „Herr, heute noch!", auf-
jauchzte, und, indem er die Mütze in die Höhe warf, versicherte:
einen Riemen, mit zehn Knoten, um ihm das Striegeln zu lehren,
lasse er sich flechten! so verkaufte Kohlhaas das Haus, schickte die
Kinder, in einen Wagen gepackt, über die Grenze; rief, bei Anbruch der Nacht, auch die übrigen Knechte zusammen, sieben an
der Zahl, treu ihm jedweder, wie Gold; bewaffnete und beritt sie,
und brach nach der Tronkenburg auf.

Er fiel auch, mit diesem kleinen Haufen, schon, beim Einbruch
der dritten Nacht, den Zollwärter und Torwächter, die im Gespräch unter dem Tor standen, niederreitend, in die Burg, und
während, unter plötzlicher Aufprasselung aller Baracken im
Schlossraum, die sie mit Feuer bewarfen, Herse, über die Windel-
treppe, in den Turm der Vogtei eilte, und den Schlossvogt und Verwalter, die, halb entkleidet, beim Spiel saßen, mit Hieben und Sti-
chen überfiel, stürzte Kohlhaas zum Junker Wenzel ins Schloss.
Der Engel des Gerichts fährt also vom Himmel herab; und der

Junker, der eben, unter vielem Gelächter, dem Tross junger
Freunde, der bei ihm war, den Rechtsschluss, den ihm der Rosskamm übermacht hatte, vorlas, hatte nicht sobald dessen Stimme
im Schlosshof vernommen: als er den Herren schon, plötzlich lei-
5 chenbleich: Brüder, rettet euch! zurief, und verschwand. Kohlhaas, der, beim Eintritt in den Saal, einen Junker Hans von Tronka, der ihm entgegen kam, bei der Brust fasste, und in den Winkel
des Saals schleuderte, dass er sein Hirn an den Steinen versprütz-
te, fragte, während die Knechte die anderen Ritter, die zu den
10 Waffen gegriffen hatten, überwältigten, und zerstreuten: wo der
Junker Wenzel von Tronka sei? Und da er, bei der Unwissenheit
der betäubten Männer, die Türen zweier Gemächer, die in die Sei-
tenflügel des Schlosses führten, mit einem Fußtritt sprengte, und
in allen Richtungen, in denen er das weitläufige Gebäude durch-
15 kreuzte, niemanden fand, so stieg er fluchend in den Schlosshof
hinab, um die Ausgänge besetzen zu lassen. Inzwischen war, vom
Feuer der Baracken ergriffen, nun schon das Schloss, mit allen Sei-
tengebäuden, starken Rauch gen Himmel qualmend, angegangen,
und während Sternbald, mit drei geschäftigen Knechten, alles,
20 was nicht niet- und nagelfest war, zusammenschleppten, und zwischen den Pferden, als gute Beute, umstürzten, flogen, unter dem
Jubel Hersens, aus den offenen Fenstern der Vogtei, die Leichen
des Schlossvogts und Verwalters, mit Weib und Kindern, herab.
Kohlhaas, dem sich, als er die Treppe vom Schloss niederstieg, die
25 alte, von der Gicht geplagte Haushälterin, die dem Junker die
Wirtschaft führte, zu Füßen warf, fragte sie, indem er auf der Stu-
fe stehen blieb: wo der Junker Wenzel von Tronka sei? und da sie
ihm, mit schwacher, zitternder Stimme, zur Antwort gab: sie
glaube, er habe sich in die Kapelle geflüchtet; so rief er zwei
30 Knechte mit Fackeln, ließ, in Ermangelung der Schlüssel, den Eingang mit Brechstangen und Beilen eröffnen, kehrte Altäre und
Bänke um, und fand gleichwohl, zu seinem grimmigen Schmerz,
den Junker nicht. Es traf sich, dass ein junger, zum Gesinde der
Tronkenburg gehöriger Knecht, in dem Augenblick, da Kohlhaas
35 aus der Kapelle zurückkam, herbeieilte, um aus einem weitläufigen steinernen Stall, den die Flamme bedrohte, die Streithengste
des Junkers herauszuziehen. Kohlhaas, der, in eben diesem Augenblick, in einem kleinen, mit Stroh bedeckten Schuppen, seine
beiden Rappen erblickte, fragte den Knecht: warum er die Rappen
40 nicht rette? und da dieser, indem er den Schlüssel in die Stalltür
steckte, antwortete: der Schuppen stehe ja schon in Flammen; so
warf Kohlhaas den Schlüssel, nachdem er ihn mit Heftigkeit aus
der Stalltüre gerissen, über die Mauer, trieb den Knecht, mit ha-

23

geldichten, flachen Hieben der Klinge, in den brennenden Schuppen hincin, und zwang ihn, unter entsetzlichem Gelächter der Umstehenden, die Rappen zu retten. Gleichwohl, als der Knecht schreckenblass, wenige Momente nachdem der Schuppen hinter ihm zusammenstürzte, mit den Pferden, die er an der Hand hielt, daraus hervortrat, fand er den Kohlhaas nicht mehr; und da er sich zu den Knechten auf den Schlossplatz begab, und den Rosshändler, der ihm mehrere Mal den Rücken zukehrte, fragte: was er mit den Tieren nun anfangen solle? – hob dieser plötzlich, mit einer fürchterlichen Gebärde, den Fuß, dass der Tritt, wenn er ihn getan hätte, sein Tod gewesen wäre: bestieg, ohne ihm zu antworten, seinen Braunen, setzte sich unter das Tor der Burg, und erhartte, inzwischen die Knechte ihr Wesen forttrieben, schweigend den Tag.

Als der Morgen anbrach, war das ganze Schloss, bis auf die Mauern, niedergebrannt, und niemand befand sich mehr darin, als Kohlhaas und seine sieben Knechte. Er stieg vom Pferde, und untersuchte noch einmal, beim hellen Schein der Sonne, den ganzen, in allen seinen Winkeln jetzt von ihr erleuchteten Platz, und da er sich, so schwer es ihm auch ward, überzeugen musste, dass die Unternehmung auf die Burg fehlgeschlagen war, so schickte er, die Brust voll Schmerz und Jammer, Hersen mit einigen Knechten aus, um über die Richtung, die der Junker auf seiner Flucht genommen, Nachricht einzuziehen. Besonders beunruhigte ihn ein reiches Fräuleinstift, namens Erlabrunn, das an den Ufern der Mulde lag, und dessen Äbtissin, Antonia von Tronka, als eine fromme, wohltätige und heilige Frau, in der Gegend bekannt war; denn es schien dem unglücklichen Kohlhaas nur zu wahrscheinlich, dass der Junker sich, entblößt von aller Notdurft, wie er war, in dieses Stift geflüchtet hatte, indem die Äbtissin seine leibliche Tante und die Erzieherin seiner ersten Kindheit war. Kohlhaas, nachdem er sich von diesem Umstand unterrichtet hatte, bestieg den Turm der Vogtei, in dessen Innerem sich noch ein Zimmer, zur Bewohnung brauchbar, darbot und verfasste ein so genanntes „Kohlhaasisches Mandat", worin er das Land aufforderte, dem Junker Wenzel von Tronka, mit dem er in einem gerechten Krieg liege, keinen Vorschub zu tun, vielmehr jeden Bewohner, seine Verwandten und Freunde nicht ausgenommen, verpflichtete, denselben bei Strafe Leibes und des Lebens, und unvermeidlicher Einäscherung alles dessen, was ein Besitztum heißen mag, an ihn auszuliefern. Diese Erklärung streute er, durch Reisende und Fremde, in der Gegend aus; ja, er gab Waldmann, dem Knecht, eine Abschrift davon, mit dem bestimmten Auftrage, sie in die Hände der Dame Antonia nach Erlabrunn zu bringen. Hierauf be-

sprach er einige Tronkenburgische Knechte, die mit dem Junker
unzufrieden waren, und von der Aussicht auf Beute gereizt, in
seine Dienste zu treten wünschten; bewaffnete sie, nach Art des
Fußvolks, mit Armbrüsten und Dolchen, und lehrte sie, hinter
den berittenen Knechten aufsitzen; und nachdem er alles, was der
Tross zusammengeschleppt hatte, zu Geld gemacht und das Geld
unter denselben verteilt hatte, ruhete er einige Stunden, unter dem
Burgtor, von seinen jämmerlichen Geschäften aus.

Gegen Mittag kam Herse und bestätigte ihm, was ihm sein
Herz, immer auf die trübsten Ahnungen gestellt, schon gesagt
hatte: nämlich, dass der Junker in dem Stift zu Erlabrunn, bei der
alten Dame Antonia von Tronka, seiner Tante, befindlich sei. Es
schien, er hatte sich, durch eine Tür, die, an der hinteren Wand des
Schlosses, in die Luft hinausging, über eine schmale, steinerne
Treppe gerettet, die, unter einem kleinen Dach, zu einigen Käh-
nen in die Elbe hinablief. Wenigstens berichtete Herse, dass er, in
einem Elbdorf, zum Befremden der Leute, die wegen des Brandes
in der Tronkenburg versammelt gewesen, um Mitternacht, in einem Nachen, ohne Steuer und Ruder, angekommen, und mit einem Dorffuhrwerk nach Erlabrunn weiter gereiset sei. – – – Kohlhaas seufzte bei dieser Nachricht tief auf; er fragte, ob die Pferde
gefressen hätten? und da man ihm antwortete: ja: so ließ er den
Haufen aufsitzen, und stand schon in drei Stunden vor Erlabrunn.
Eben, unter dem Gemurmel eines entfernten Gewitters am Hori-
zont, mit Fackeln, die er sich vor dem Ort angesteckt, zog er mit
seiner Schar in den Klosterhof ein, und Waldmann, der Knecht,
der ihm entgegentrat, meldete ihm, dass das Mandat richtig abgegeben sei, als er die Äbtissin und den Stiftsvogt, in einem verstörten Wortwechsel, unter das Portal des Klosters treten sah; und
während jener, der Stiftsvogt, ein kleiner, alter, schneeweißer
Mann, grimmige Blicke auf Kohlhaas schießend, sich den Har-
nisch anlegen ließ, und den Knechten, die ihn umringten, mit
dreister Stimme zurief, die Sturmglocke zu ziehn: trat jene, die
Stiftsfrau, das silberne Bildnis des Gekreuzigten in der Hand,
bleich, wie Linnenzeug, von der Rampe herab, und warf sich mit
allen ihren Jungfrauen, vor Kohlhaasens Pferd nieder. Kohlhaas,
während Herse und Sternbald den Stiftsvogt, der kein Schwert in
der Hand hatte, überwältigten, und als Gefangenen zwischen die
Pferde führten, fragte sie: wo der Junker Wenzel von Tronka sei?
und da sie, einen großen Ring mit Schlüsseln von ihrem Gurt los-
lösend: in Wittenberg, Kohlhaas, würdiger Mann! antwortete,
und, mit bebender Stimme, hinzusetzte: fürchte Gott und tue kein
Unrecht! – so wandte Kohlhaas, in die Hölle unbefriedigter Rache

25

zurückgeschleudert, das Pferd, und war im Begriff: steckt an! zu
rufen, als ein ungeheurer Wetterschlag, dicht neben ihm, zur Erde
niederfiel. Kohlhaas, indem er sein Pferd zu ihr zurückwandte,
fragte sie: ob sie sein Mandat erhalten? und da die Dame mit
schwacher, kaum hörbarer Stimme, antwortete: eben jetzt! –
„Wann?" – Zwei Stunden, so wahr mir Gott helfe, nach des Junkers, meines Vetters, bereits vollzogener Abreise! – – – und Waldmann, der Knecht, zu dem Kohlhaas sich, unter finsteren Blicken,
umkehrte, stotternd diesen Umstand bestätigte, indem er sagte,
dass die Gewässer der Mulde, vom Regen geschwellt, ihn verhin-
dert hätten, früher, als eben jetzt, einzutreffen: so sammelte sich
Kohlhaas; ein plötzlich furchtbarer Regenguss, der die Fackeln
verlöschend, auf das Pflaster des Platzes niederrauschte, löste den
Schmerz in seiner unglücklichen Brust; er wandte, indem er kurz
den Hut vor der Dame rückte, sein Pferd, drückte ihm, mit den
Worten: folgt mir meine Brüder; der Junker ist in Wittenberg! die
Sporen ein, und verließ das Stift.

Er kehrte, da die Nacht einbrach, in einem Wirtshaus auf der
Landstraße ein, wo er, wegen großer Ermüdung der Pferde, einen
Tag ausruhen musste, und da er wohl einsah, dass er mit einem
Haufen von zehn Mann (denn so stark war er jetzt), einem Platz
wie Wittenberg war, nicht trotzen konnte, so verfasste er ein
zweites Mandat, worin er, nach einer kurzen Erzählung dessen,
was ihm im Lande begegnet, „jeden guten Christen", wie er sich
ausdrückte, „unter Angelobung eines Handgelds und anderer
kriegerischen Vorteile", aufforderte „seine Sache gegen den Junker von Tronka, als dem allgemeinen Feind aller Christen, zu ergreifen". In einem anderen Mandat, das bald darauf erschien,
nannte er sich: „einen Reichs- und Weltfreien, Gott allein unter-
worfenen Herrn"; eine Schwärmerei krankhafter und missge-
schaffener Art, die ihm gleichwohl, bei dem Klang seines Geldes
und der Aussicht auf Beute, unter dem Gesindel, das der Friede
mit Polen außer Brot gesetzt hatte, Zulauf in Menge verschaffte:
dergestalt, dass er in der Tat dreißig und etliche Köpfe zählte, als
er sich, zur Einäscherung von Wittenberg, auf die rechte Seite der
Elbe zurückbegab. Er lagerte sich, mit Pferden und Knechten, unter dem Dache einer alten verfallenen Ziegelscheune, in der Ein-
samkeit eines finsteren Waldes, der damals diesen Platz um-
schloss, und hatte nicht sobald durch Sternbald, den er, mit dem
Mandat, verkleidet in die Stadt schickte, erfahren, dass das Mandat daselbst schon bekannt sei, als er auch mit seinen Haufen
schon, am heiligen Abend vor Pfingsten, aufbrach, und den Platz,
während die Bewohner im tiefsten Schlaf lagen, an mehreren

Ecken zugleich, in Brand steckte. Dabei klebte er, während die Knechte in der Vorstadt plünderten, ein Blatt an den Türpfeiler einer Kirche an, des Inhalts: „er, Kohlhaas, habe die Stadt in Brand gesteckt, und werde sie, wenn man ihm den Junker nicht ausliefere, dergestalt einäschern, dass er", wie er sich ausdrückte, „hinter keiner Wand werde zu sehen brauchen, um ihn zu finden." – Das Entsetzen der Einwohner, über diesen unerhörten Frevel, war unbeschreiblich; und die Flamme, die bei einer zum Glück ziemlich ruhigen Sommernacht, zwar nicht mehr als neunzehn Häuser, worunter gleichwohl eine Kirche war, in den Grund gelegt hatte, war nicht sobald, gegen Anbruch des Tages, einigermaßen gedämpft worden, als der alte Landvogt, Otto von Gorgas, bereits ein Fähnlein von funfzig Mann aussandte, um den entsetzlichen Wüterich aufzuheben. Der Hauptmann aber, der es führte, namens Gerstenberg, benahm sich so schlecht dabei, dass die ganze Expedition Kohlhaasen, statt ihn zu stürzen, vielmehr zu einem höchst gefährlichen kriegerischen Ruhm verhalf; denn da dieser Kriegsmann sich in mehrere Abteilungen auflösete, um ihn, wie er meinte, zu umzingeln und zu erdrücken, ward er von Kohlhaas, der seinen Haufen zusammenhielt, auf vereinzelten Punkten, angegriffen und geschlagen, dergestalt, dass schon, am Abend des nächstfolgenden Tages, kein Mann mehr von dem ganzen Haufen, auf den die Hoffnung des Landes gerichtet war, gegen ihm im Felde stand. Kohlhaas, der durch diese Gefechte einige Leute eingebüßt hatte, steckte die Stadt, am Morgen des nächsten Tages, von neuem in Brand, und seine mörderischen Anstalten waren so gut, dass wiederum eine Menge Häuser, und fast alle Scheunen der Vorstadt, in die Asche gelegt wurden. Dabei plackte er das bewusste Mandat wieder, und zwar an die Ecken des Rathauses selbst, an, und fügte eine Nachricht über das Schicksal des, von dem Landvogt abgeschickten und von ihm zu Grunde gerichteten, Hauptmanns von Gerstenberg bei. Der Landvogt, von diesem Trotz aufs Äußerste entrüstet, setzte sich selbst, mit mehreren Rittern, an die Spitze eines Haufens von hundertundfunfzig Mann. Er gab dem Junker Wenzel von Tronka, auf seine schriftliche Bitte, eine Wache, die ihn vor der Gewalttätigkeit des Volks, das ihn platterdings aus der Stadt entfernt wissen wollte, schützte; und nachdem er, auf allen Dörfern in der Gegend, Wachen ausgestellt, auch die Ringmauer der Stadt, um sie vor einem Überfall zu decken, mit Posten besetzt hatte, zog er, am Tage des heiligen Gervasius, selbst aus, um den Drachen, der das Land verwüstete, zu fangen. Diesen Haufen war der Rosskamm klug genug, zu vermeiden; und nachdem er den Landvogt, durch geschickte Mär-

sche, fünf Meilen von der Stadt hinweggelockt, und vermittelst
mehrerer Anstalten, die er traf, zu dem Wahn verleitet hatte, dass
er sich, von der Übermacht gedrängt, ins Brandenburgische werfen würde: wandte er sich plötzlich, beim Einbruch der dritten
Nacht, kehrte, in einem Gewaltritt, nach Wittenberg zurück, und
steckte die Stadt zum dritten Mal in Brand. Herse, der sich verkleidet in die Stadt schlich, führte dieses entsetzliche Kunststück
aus; und die Feuersbrunst war, wegen eines scharf wehenden
Nordwindes, so verderblich und um sich fressend, dass, in weniger als drei Stunden, zweiundvierzig Häuser, zwei Kirchen, mehrere Klöster und Schulen, und das Gebäude der kurfürstlichen
Landvogtei selbst, in Schutt und Asche lagen. Der Landvogt, der
seinen Gegner, beim Anbruch des Tages, im Brandenburgischen
glaubte, fand, als er von dem, was vorgefallen, benachrichtigt, in
bestürzten Märschen zurückkehrte, die Stadt in allgemeinem
Aufruhr; das Volk hatte sich zu Tausenden vor dem, mit Balken
und Pfählen verrammelten, Hause des Junkers gelagert, und forderte, mit rasendem Geschrei, seine Abführung aus der Stadt.
Zwei Bürgermeister, namens Jenkens und Otto, die in Amtsklei-
dern an der Spitze des ganzen Magistrats gegenwärtig waren, bewiesen vergebens, dass man platterdings die Rückkehr eines Eilboten abwarten müsse, den man wegen Erlaubnis den Junker nach
Dresden bringen zu dürfen, wohin er selbst aus mancherlei Gründen abzugehen wünsche, an den Präsidenten der Staatskanzlei geschickt habe; der unvernünftige, mit Spießen und Stangen bewaffnete Haufen gab auf diese Worte nichts, und eben war man, unter
Misshandlung einiger zu kräftigen Maßregeln auffordernden Räte, im Begriff das Haus worin der Junker war zu stürmen, und der
Erde gleichzumachen, als der Landvogt, Otto von Gorgas, an der
Spitze seines Reuterhaufens, in der Stadt erschien. Diesem würdi-
gen Herrn, der schon durch seine bloße Gegenwart dem Volk
Ehrfurcht und Gehorsam einzuflößen gewohnt war, war es,
gleichsam zum Ersatz für die fehlgeschlagene Unternehmung,
von welcher er zurückkam, gelungen, dicht vor den Toren der
Stadt drei zersprengte Knechte von der Bande des Mordbrenners
aufzufangen; und da er, inzwischen die Kerle vor dem Angesicht
des Volks mit Ketten belastet wurden, den Magistrat in einer klu-
gen Anrede versicherte, den Kohlhaas selbst denke er in kurzem,
indem er ihm auf die Spur sei, gefesselt einzubringen: so glückte es
ihm, durch die Kraft aller dieser beschwichtigenden Umstände,
die Angst des versammelten Volks zu entwaffnen, und über die
Anwesenheit des Junkers, bis zur Zurückkunft des Eilboten aus
Dresden, einigermaßen zu beruhigen. Er stieg, in Begleitung eini-

ger Ritter, vom Pferde, und verfügte sich, nach Wegräumung der
Palisaden und Pfähle, in das Haus, wo er den Junker, der aus einer
Ohnmacht in die andere fiel, unter den Händen zweier Ärzte
fand, die ihn mit Essenzen und Irritanzen wieder ins Leben
zurückzubringen suchten; und da Herr Otto von Gorgas wohl
fühlte, dass dies der Augenblick nicht war, wegen der Auf-
führung, die er sich zu Schulden kommen lasse, Worte mit ihm zu
wechseln: so sagte er ihm bloß, mit einem Blick stiller Verachtung,
dass er sich ankleiden, und ihm, zu seiner eigenen Sicherheit, in die
Gemächer der Ritterhaft folgen möchte. Als man dem Junker ein
Wams angelegt, und einen Helm aufgesetzt hatte, und er, die
Brust, wegen Mangels an Luft, noch halb offen, am Arm des
Landvogts und seines Schwagers, des Grafen von Gerschau, auf
der Straße erschien, stiegen gotteslästerliche und entsetzliche Ver-
wünschungen gegen ihn zum Himmel auf. Das Volk, von den
Landsknechten nur mühsam zurückgehalten, nannte ihn einen
Blutigel, einen elenden Landplager und Menschenquäler, den
Fluch der Stadt Wittenberg, und das Verderben von Sachsen; und
nach einem jämmerlichen Zuge durch die in Trümmern liegende
Stadt, während welchem er mehrere Mal, ohne ihn zu vermissen,
den Helm verlor, den ihm ein Ritter von hinten wieder aufsetzte,
erreichte man endlich das Gefängnis, wo er in einem Turm, unter
dem Schutz einer starken Wache, verschwand. Mittlerweile setzte
die Rückkehr des Eilboten, mit der kurfürstlichen Resolution, die
Stadt in neue Besorgnis. Denn die Landesregierung, bei welcher
die Bürgerschaft von Dresden, in einer dringenden Supplik, unmittelbar eingekommen war, wollte, vor Überwältigung des
Mordbrenners, von dem Aufenthalt des Junkers in der Residenz
nichts wissen; vielmehr verpflichtete sie den Landvogt, denselben
da, wo er sei, weil er irgendwo sein müsse, mit der Macht, die ihm
zu Gebote stehe, zu beschirmen: wogegen sie der guten Stadt Wittenberg, zu ihrer Beruhigung, meldete, dass bereits ein Heerhaufen von fünfhundert Mann, unter Anführung des Prinzen Friedrich von Meißen im Anzuge sei, um sie vor den ferneren Beläsi-
gungen desselben zu beschützen. Der Landvogt, der wohl einsah,
dass eine Resolution dieser Art, das Volk keinesweges beruhigen
konnte: denn nicht nur, dass mehrere kleinen Vorteile, die der
Rosshändler, an verschiedenen Punkten, vor der Stadt erfochten,
über die Stärke, zu der er herangewachsen, äußerst unangenehme
Gerüchte verbreiteten; der Krieg, den er, in der Finsternis der
Nacht, durch verkleidetes Gesindel, mit Pech, Stroh und Schwe-
fel führte, hätte, unerhört und beispiellos, wie er war, selbst einen
größeren Schutz, als mit welchem der Prinz von Meißen heran-

rückte, unwirksam machen können: der Landvogt, nach einer kurzen Überlegung, entschloss sich, die Resolution, die er empfangen, ganz und gar zu unterdrücken. Er plackte bloß einen Brief, in welchem ihm der Prinz von Meißen seine Ankunft meldete, an die Ecken der Stadt an; ein verdeckter Wagen, der, beim Anbruch des Tages, aus dem Hofe des Herrenzwingers kam, fuhr, von vier schwer bewaffneten Reutern begleitet, auf die Straße nach Leipzig hinaus, wobei die Reuter, auf eine unbestimmte Art verlauten ließen, dass es nach der Pleißenburg gehe; und da das Volk über den heillosen Junker, an dessen Dasein Feuer und Schwert gebunden, dergestalt beschwichtigt war, brach er selbst, mit einem Haufen von dreihundert Mann, auf, um sich mit dem Prinzen Friedrich von Meißen zu vereinigen. Inzwischen war Kohlhaas in der Tat, durch die sonderbare Stellung, die er in der Welt einnahm, auf hundertundneun Köpfe herangewachsen; und da er auch in Jassen einen Vorrat an Waffen aufgetrieben, und seine Schar, auf das Vollständigste, damit ausgerüstet hatte: so fasste er, von dem doppelten Ungewitter, das auf ihn heranzog, benachrichtigt, den Entschluss, demselben, mit der Schnelligkeit des Sturmwinds, ehe es über ihn zusammenschlüge, zu begegnen. Demnach griff er schon, Tags darauf, den Prinzen von Meißen, in einem nächtlichen Überfall, bei Mühlberg an; bei welchem Gefechte er zwar, zu seinem großen Leidwesen, den Herse einbüßte, der gleich durch die ersten Schüsse an seiner Seite zusammenstürzte: durch diesen Verlust erbittert aber, in einem drei Stunden langen Kampfe, den Prinzen, unfähig sich in dem Flecken zu sammeln, so zurichtete, dass er beim Anbruch des Tages, mehrerer schweren Wunden, und einer gänzlichen Unordnung seines Haufens wegen, genötigt war, den Rückweg nach Dresden einzuschlagen. Durch diesen Vorteil tollkühn gemacht, wandte er sich, ehe derselbe noch davon unterrichtet sein konnte, zu dem Landvogt zurück, fiel ihn bei dem Dorfe Damerow, am hellen Mittag, auf freiem Felde an, und schlug sich, unter mörderischem Verlust zwar, aber mit gleichen Vorteilen, bis in die sinkende Nacht mit ihm herum. Ja, er würde den Landvogt, der sich in den Kirchhof zu Damerow geworfen hatte, am andern Morgen unfehlbar mit dem Rest seines Haufens wieder angegriffen haben, wenn derselbe nicht durch Kundschafter von der Niederlage, die der Prinz bei Mühlberg erlitten, benachrichtigt worden wäre, und somit für ratsamer gehalten hätte, gleichfalls, bis auf einen besseren Zeitpunkt, nach Wittenberg zurückzukehren. Fünf Tage, nach Zersprengung dieser beiden Haufen, stand er vor Leipzig, und steckte die Stadt an drei Seiten in Brand. – Er nannte sich in dem

Mandat, das er, bei dieser Gelegenheit, ausstreute, „einen Statthalter Michaels, des Erzengels, der gekommen sei, an allen, die in dieser Streitsache des Junkers Partei ergreifen würden, mit Feuer und Schwert, die Arglist, in welcher die ganze Welt versunken sei, zu bestrafen". Dabei rief er, von dem Lützner Schloss aus, das er überrumpelt, und worin er sich festgesetzt hatte, das Volk auf, sich zur Errichtung einer besseren Ordnung der Dinge, an ihn anzuschließen; und das Mandat war, mit einer Art von Verrückung, unterzeichnet: „Gegeben auf dem Sitz unserer provisorischen Weltregierung, dem Erzschlosse zu Lützen." Das Glück der Einwohner von Leipzig wollte, dass das Feuer, wegen eines anhaltenden Regens der vom Himmel fiel, nicht um sich griff, dergestalt, dass bei der Schnelligkeit der bestehenden Löschanstalten, nur einige Kramläden, die um die Pleißenburg lagen, in Flammen aufloderten. Gleichwohl war die Bestürzung in der Stadt, über das Dasein des rasenden Mordbrenners, und den Wahn, in welchem derselbe stand, dass der Junker in Leipzig sei, unaussprechlich; und da ein Haufen von hundertundachtzig Reisigen, den man gegen ihn ausschickte, zersprengt in die Stadt zurückkam: so blieb dem Magistrat, der den Reichtum der Stadt nicht aussetzen wollte, nichts anderes übrig, als die Tore gänzlich zu sperren, und die Bürgerschaft Tag und Nacht, außerhalb der Mauern, wachen zu lassen. Vergebens ließ der Magistrat, auf den Dörfern der umliegenden Gegend, Deklarationen anheften, mit der bestimmten Versicherung, dass der Junker nicht in der Pleißenburg sei; der Rosskamm, in ähnlichen Blättern, bestand darauf, dass er in der Pleißenburg sei, und erklärte, dass, wenn derselbe nicht darin befindlich wäre, er mindestens verfahren würde, als ob er darin wäre, bis man ihm den Ort, mit Namen genannt, werde angezeigt haben, worin er befindlich sei. Der Kurfürst, durch einen Eilboten, von der Not, in welcher sich die Stadt Leipzig befand, benachrichtigt, erklärte, dass er bereits einen Heerhaufen von zweitausend Mann zusammenzöge, und sich selbst an dessen Spitze setzen würde, um den Kohlhaas zu fangen. Er erteilte dem Herrn Otto von Gorgas einen schweren Verweis, wegen der zweideutigen und unüberlegten List, die er angewendet, um des Mordbrenners aus der Gegend von Wittenberg loszuwerden; und niemand beschreibt die Verwirrung, die ganz Sachsen und insbesondere die Residenz ergriff, als man daselbst erfuhr, dass, auf den Dörfern bei Leipzig, man wusste nicht von wem, eine Deklaration an den Kohlhaas angeschlagen worden sei, des Inhalts: „Wenzel, der Junker, befinde sich bei seinen Vettern Hinz und Kunz, in Dresden."

Unter diesen Umständen übernahm der Doktor Martin Luther das Geschäft, den Kohlhaas, durch die Kraft beschwichtigender Worte, von dem Ansehn, das ihm seine Stellung in der Welt gab, unterstützt, in den Damm der menschlichen Ordnung zurückzudrücken, und auf ein tüchtiges Element in der Brust des Mordbrenners bauend, erließ er ein Plakat folgenden Inhalts an ihn, das in allen Städten und Flecken des Kurfürstentums angeschlagen ward:

„Kohlhaas, der du dich gesandt zu sein vorgibst, das Schwert der Gerechtigkeit zu handhaben, was unterfängst du dich, Vermessener, im Wahnsinn stockblinder Leidenschaft, du, den Ungerechtigkeit selbst, vom Wirbel bis zur Sohle erfüllt? Weil der Landesherr dir, dem du untertan bist, dein Recht verweigert hat, dein Recht in dem Streit um ein nichtiges Gut, erhebst du dich, Heilloser, mit Feuer und Schwert, und brichst, wie der Wolf der Wüste, in die friedliche Gemeinheit, die er beschirmt. Du, der die Menschen mit dieser Angabe, voll Unwahrhaftigkeit und Arglist, verführt: meinst du, Sünder, vor Gott dereinst, an dem Tage, der in die Falten aller Herzen scheinen wird, damit auszukommen? Wie kannst du sagen, dass dir dein Recht verweigert worden ist, du, dessen grimmige Brust, vom Kitzel schnöder Selbstrache gereizt, nach den ersten, leichtfertigen Versuchen, die dir gescheitert, die Bemühung gänzlich aufgegeben hat, es dir zu verschaffen? Ist eine Bank voll Gerichtsdienern und Schergen, die einen Brief, der gebracht wird, unterschlagen, oder ein Erkenntnis, das sie abliefern sollen, zurückhalten, deine Obrigkeit? Und muss ich dir sagen, Gottvergessener, dass deine Obrigkeit von deiner Sache nichts weiß – was sag ich? dass der Landesherr, gegen den du dich auflehnst, auch deinen Namen nicht kennt, dergestalt, dass wenn dereinst du vor Gottes Thron trittst, in der Meinung, ihn anzuklagen, er, heiteren Antlitzes, wird sprechen können: diesem Mann, Herr, tat ich kein Unrecht, denn sein Dasein ist meiner Seele fremd? Das Schwert, wisse, das du führst, ist das Schwert des Raubes und der Mordlust, ein Rebell bist du und kein Krieger des gerechten Gottes, und dein Ziel auf Erden ist Rad und Galgen, und jenseits die Verdammnis, die über die Missetat und die Gottlosigkeit verhängt ist.
Wittenberg, usw.   *Martin Luther.*"

Kohlhaas wälzte eben, auf dem Schlosse zu Lützen, einen neuen Plan, Leipzig einzuäschern, in seiner zerrissenen Brust herum: – denn auf die, in den Dörfern angeschlagene Nachricht, dass der Junker Wenzel in Dresden sei, gab er nichts, weil sie von niemand, geschweige denn vom Magistrat, wie er verlangt hatte, unterschrieben war: – als Sternbald und Waldmann das Plakat, das, zur Nachtzeit, an den Torweg des Schlosses, angeschlagen worden war, zu ihrer großen Bestürzung, bemerkten. Vergebens hofften sie, durch mehrere Tage, dass Kohlhaas, den sie nicht gern deshalb antreten wollten, es erblicken würde; finster und in sich gekehrt, in der Abendstunde erschien er zwar, aber bloß, um seine kurzen Befehle zu geben, und sah nichts: dergestalt, dass sie an einem Morgen, da er ein paar Knechte, die in der Gegend, wider seinen Willen, geplündert hatten, aufknüpfen lassen wollte, den Entschluss fassten, ihn darauf aufmerksam zu machen. Eben kam er, während das Volk von beiden Seiten schüchtern auswich, in dem Aufzuge, der ihm, seit seinem letzten Mandat, gewöhnlich war, von dem Richtplatz zurück: ein großes Cherubsschwert, auf einem rot ledernen Kissen, mit Quasten von Gold verziert, ward ihm vorangetragen, und zwölf Knechte, mit brennenden Fackeln folgten ihm: da traten die beiden Männer, ihre Schwerter unter dem Arm, so, dass es ihn befremden musste, um den Pfeiler, an welchen das Plakat angeheftet war, herum. Kohlhaas, als er, mit auf dem Rücken zusammengelegten Händen, in Gedanken vertieft, unter das Portal kam, schlug die Augen auf und stutzte; und da die Knechte, bei seinem Anblick, ehrerbietig auswichen: so trat er, indem er sie zerstreut ansah, mit einigen raschen Schritten, an den Pfeiler heran. Aber wer beschreibt, was in seiner Seele vorging, als er das Blatt, dessen Inhalt ihn der Ungerechtigkeit zieh, daran erblickte: unterzeichnet von dem teuersten und verehrungswürdigsten Namen, den er kannte, von dem Namen Martin Luthers! Eine dunkle Röte stieg in sein Antlitz empor; er durchlas es, indem er den Helm abnahm, zweimal von Anfang bis zu Ende; wandte sich, mit ungewissen Blicken, mitten unter die Knechte zurück, als ob er etwas sagen wollte, und sagte nichts; löste das Blatt von der Wand los, durchlas es noch einmal; und rief: Waldmann! lass mir mein Pferd satteln! sodann: Sternbald! folge mir ins Schloss! und verschwand. Mehr als dieser wenigen Worte bedurfte es nicht, um ihn, in der ganzen Verderblichkeit, in der er dastand, plötzlich zu entwaffnen. Er warf sich in die Verkleidung eines thüringischen Landpächters; sagte Sternbald, dass ein Geschäft, von bedeutender Wichtigkeit, ihn nach Wittenberg zu reisen nötige; übergab ihm, in Gegenwart einiger der vorzüglichsten Knechte, die Anführung des in Lützen zurückbleibenden Haufens; und zog, unter der Versicherung, dass er in drei Tagen, binnen welcher Zeit kein Angriff zu fürchten sei, wieder zurück sein werde, nach Wittenberg ab.

33

Er kehrte, unter einem fremden Namen, in ein Wirtshaus ein, wo er, sobald die Nacht angebrochen war, in seinem Mantel, und mit einem Paar Pistolen versehen, die er in der Tronkenburg erbeutet hatte, zu Luthern ins Zimmer trat. Luther, der unter Schriften und Büchern an seinem Pulte saß, und den fremden, besonderen Mann die Tür öffnen und hinter sich verriegeln sah, fragte ihn: wer er sei? und was er wolle? und der Mann, der seinen Hut ehrerbietig in der Hand hielt, hatte nicht sobald, mit dem schüchternen Vorgefühl des Schreckens, den er verursachen würde, erwidert: dass er Michael Kohlhaas, der Rosshändler sei; als Luther schon: weiche fern hinweg! ausrief, und indem er, vom Pult erstehend, nach einer Klingel eilte, hinzusetzte: dein Odem ist Pest und deine Nähe Verderben! Kohlhaas, indem er, ohne sich vom Platz zu regen, sein Pistol zog, sagte: Hochwürdiger Herr, dies Pistol, wenn Ihr die Klingel rührt, streckt mich leblos zu Euren Füßen nieder! Setzt Euch und hört mich an; unter den Engeln, deren Psalmen Ihr aufschreibt, seid Ihr nicht sicherer, als bei mir. Luther, indem er sich niedersetzte, fragte: was willst du? Kohlhaas erwiderte: Eure Meinung von mir, dass ich ein ungerechter Mann sei, widerlegen! Ihr habt mir in Eurem Plakat gesagt, dass meine Obrigkeit von meiner Sache nichts weiß: wohlan, verschafft mir freies Geleit, so gehe ich nach Dresden, und lege sie ihr vor. – „Heilloser und entsetzlicher Mann!", rief Luther, durch diese Worte verwirrt zugleich und beruhigt: „wer gab dir das Recht, den Junker von Tronka, in Verfolg eigenmächtiger Rechtsschlüsse, zu überfallen, und da du ihn auf seiner Burg nicht fandst mit Feuer und Schwert die ganze Gemeinschaft heimzusuchen, die ihn beschirmt?" Kohlhaas erwiderte: hochwürdiger Herr, niemand, fortan! Eine Nachricht, die ich aus Dresden erhielt, hat mich getäuscht, mich verführt! Der Krieg, den ich mit der Gemeinschaft der Menschen führe, ist eine Missetat, sobald ich aus ihr nicht, wie Ihr mir die Versicherung gegeben habt, verstoßen war! Verstoßen! rief Luther, indem er ihn ansah. Welch eine Raserei der Gedanken ergriff dich? Wer hätte dich aus der Gemeinschaft des Staats, in welchem du lebtest, verstoßen? Ja, wo ist, solange Staaten bestehen, ein Fall, dass jemand, wer es auch sei, daraus verstoßen worden wäre? – Verstoßen, antwortete Kohlhaas, indem er die Hand zusammendrückte, nenne ich den, dem der Schutz der Gesetze versagt ist! Denn dieses Schutzes, zum Gedeihen meines friedlichen Gewerbes, bedarf ich; ja, er ist es, dessenhalb ich mich, mit dem Kreis dessen, was ich erworben, in diese Gemeinschaft flüchte; und wer mir ihn versagt, der stößt mich zu den Wilden der Einöde hinaus; er gibt mir, wie wollt Ihr das leugnen, die Keule, die mich selbst schützt, in die Hand. – Wer hat dir den Schutz der Gesetze versagt? rief Luther. Schrieb ich dir nicht, dass die Klage, die du eingereicht, dem Landesherrn, dem du sie eingereicht, fremd ist? Wenn Staatsdiener hinter seinem Rücken Prozesse unterschlagen, oder sonst seines geheiligten Namens, in seiner Unwissenheit, spotten; wer anders als Gott darf ihn wegen der Wahl solcher Diener zur Rechenschaft ziehen, und bist du, gottverdammter und entsetzlicher Mensch, befugt, ihn deshalb zu richten? – Wohlan, versetzte Kohlhaas, wenn mich der Landesherr nicht verstößt, so kehre ich auch wieder in die Gemeinschaft, die er beschirmt, zurück. Verschafft mir, ich wiederhol es, freies Geleit nach Dresden: so lasse ich den Haufen, den ich im Schloss zu Lützen versammelt, auseinander gehen, und bringe die Klage, mit der ich abgewiesen worden bin, noch einmal bei dem Tribunal des Landes vor. – Luther, mit einem verdrießlichen Gesicht, warf die Papiere, die auf seinem Tisch lagen, übereinander, und schwieg. Die trotzige Stellung, die dieser seltsame Mensch im Staat einnahm, verdross ihn; und den Rechtsschluss, den er, von Kohlhaasenbrück aus, an den Junker erlassen, erwägend, fragte er: was er denn von dem Tribunal zu Dresden verlange? Kohlhaas antwortete: Bestrafung des Junkers, den Gesetzen gemäß; Wiederherstellung der Pferde in den vorigen Stand; und Ersatz des Schadens, den ich sowohl, als mein bei Mühlberg gefallener Knecht Herse, durch die Gewalttat, die man an uns verübte, erlitten. – Luther rief: Ersatz des Schadens! Summen zu Tausenden, bei Juden und Christen, auf Wechseln und Pfändern, hast du, zur Bestreitung deiner wilden Selbstrache, aufgenommen. Wirst du den Wert auch, auf der Rechnung, wenn es zur Nachfrage kommt, ansetzen? – Gott behüte! erwiderte Kohlhaas. Haus und Hof, und den Wohlstand, den ich besessen, fordere ich nicht zurück; so wenig als die Kosten des Begräbnisses meiner Frau! Hersens alte Mutter wird eine Berechnung der Heilkosten, und eine Spezifikation dessen, was ihr Sohn in der Tronkenburg eingebüßt, beibringen; und den Schaden, den ich wegen Nichtverkaufs der Rappen erlitten, mag die Regierung durch einen Sachverständigen abschätzen lassen. – Luther sagte: rasender, unbegreiflicher und entsetzlicher Mensch! und sah ihn an. Nachdem dein Schwert sich, an dem Junker, Rache, die grimmigste, genommen, die sich erdenken lässt: was treibt dich, auf ein Erkenntnis gegen ihn zu bestehen, dessen Schärfe, wenn es zuletzt fällt, ihn mit einem Gewicht von so geringer Erheblichkeit nur trifft? – Kohlhaas erwiderte, indem ihm eine Träne über die Wangen rollte: hochwürdiger Herr! es hat mich meine Frau gekostet; Kohlhaas will der Welt zeigen, dass sie in keinem ungerechten Handel umgekommen ist. Fügt Euch in diesen Stücken meinem Willen, und lasst den Gerichtshof sprechen; in allem anderen, was sonst noch streitig sein mag, füge ich mich Euch. – Luther sagte: schau her, was du forderst, wenn anders die Umstände so sind, wie die öffentliche Stimme hören lässt, ist gerecht; und hättest du den Streit, bevor du eigenmächtig zur Selbstrache geschritten, zu des Landesherrn Entscheidung zu bringen gewusst, so wäre dir deine Forderung, zweifle ich nicht, Punkt vor Punkt bewilligt worden. Doch hättest du nicht, alles wohl erwogen, besser getan, du hättest, um deines Erlösers willen, dem Junker vergeben, die Rappen, dürre und abgehärmt, wie sie waren, bei der Hand genommen, dich aufgesetzt, und zur Dickfütterung in deinen Stall nach Kohlhaasenbrück heimgeritten? – Kohlhaas antwortete: kann sein! indem er ans Fenster trat: kann sein, auch nicht! Hätte ich gewusst, dass ich sie mit Blut aus dem Herzen meiner lieben Frau würde auf die Beine bringen müssen: kann sein, ich hätte getan, wie Ihr gesagt, hochwürdiger Herr, und einen Scheffel Hafer nicht gescheut! Doch, weil sie mir einmal so teuer zu stehen gekommen sind, so habe es denn, meine ich, seinen Lauf: lasst das Erkenntnis, wie es mir zukömmt, sprechen, und den Junker mir die Rappen auffüttern. – – Luther sagte, indem er, unter mancherlei Gedanken, wieder zu seinen Papieren griff: er wolle mit dem Kurfürsten seinethalben in Unterhandlung treten. Inzwischen möchte er sich, auf dem Schlosse zu Lützen, still halten; wenn der Herr ihm freies Geleit bewillige, so werde man es ihm auf dem Wege öffentlicher Anplackung bekannt machen. – Zwar, fuhr er fort, da Kohlhaas sich herabbog, um seine Hand zu küssen: ob der Kurfürst Gnade für Recht ergehen lassen wird, weiß ich nicht; denn einen Heerhaufen, vernehm ich, zog er zusammen, und steht im Begriff, dich im Schlosse zu Lützen aufzuheben: inzwischen, wie ich dir schon gesagt habe, an meinem Bemühen soll es nicht liegen. Und damit stand er auf, und machte Anstalt, ihn zu entlassen. Kohlhaas meinte, dass seine Fürsprache ihn über diesen Punkt völlig beruhige; worauf Luther ihn mit der Hand grüßte, jener aber plötzlich ein Knie vor ihm senkte und sprach: er habe noch eine Bitte auf seinem Herzen. Zu Pfingsten nämlich, wo er an den Tisch des Herrn zu gehen pflege, habe er die Kirche, dieser seiner kriegerischen Unternehmungen wegen, versäumt; ob er die Gewogenheit haben wolle, ohne weitere Vorbereitung, seine Beichte zu empfangen, und ihm, zur Auswechselung dagegen, die Wohltat des heiligen Sakraments zu erteilen? Luther, nach einer kurzen Besinnung, indem er ihn scharf ansah, sagte: ja, Kohlhaas, das will ich tun! Der Herr aber, dessen Leib du begehrst, vergab seinem Feind.

– Willst du, setzte er, da jener ihn betreten ansah, hinzu, dem Junker, der dich beleidigt hat, gleichfalls vergeben: nach der Tronkenburg gehen, dich auf deine Rappen setzen, und sie zur Dickfütterung nach Kohlhaasenbrück heimreiten? – „Hochwürdiger
Herr", sagte Kohlhaas errötend, indem er seine Hand ergriff, –
nun? – „der Herr auch vergab allen seinen Feinden nicht. Lasst
mich den Kurfürsten, meinen beiden Herren, dem Schlossvogt
und Verwalter, den Herren Hinz und Kunz, und wer mich sonst in
dieser Sache gekränkt haben mag, vergeben: den Junker aber, wenn
es sein kann, nötigen, dass er mir die Rappen wieder dickfüttere."
– Bei diesen Worten kehrte ihm Luther, mit einem missvergnügten
Blick, den Rücken zu, und zog die Klingel. Kohlhaas, während, dadurch herbeigerufen, ein Famulus sich mit Licht in dem Vorsaal
meldete, stand betreten, indem er sich die Augen trocknete, vom
Boden auf; und da der Famulus vergebens, weil der Riegel vorge-
schoben war, an der Türe wirkte, Luther aber sich wieder zu seinen
Papieren niedergesetzt hatte: so machte Kohlhaas dem Mann die
Türe auf. Luther, mit einem kurzen, auf den fremden Mann gerichteten Seitenblick, sagte dem Famulus: leuchte! worauf dieser,
über den Besuch, den er erblickte, ein wenig befremdet, den Haus-
schlüssel von der Wand nahm, und sich, auf die Entfernung desselben wartend, unter die halb offene Tür des Zimmers zurückbegab. – Kohlhaas sprach, indem er seinen Hut bewegt zwischen beide Hände nahm: und so kann ich, hochwürdigster Herr, der Wohltat versöhnt zu werden, die ich mir von Euch erbat, nicht teilhaftig
werden? Luther antwortete kurz: deinem Heiland, nein; dem Landesherrn, – das bleibt einem Versuch, wie ich dir versprach, vorbehalten! Und damit winkte er dem Famulus, das Geschäft, das er
ihm aufgetragen, ohne weiteren Aufschub, abzumachen. Kohlhaas
legte, mit dem Ausdruck schmerzlicher Empfindung, seine beiden
Hände auf die Brust; folgte dem Mann, der ihm die Treppe hinun-
terleuchtete, und verschwand.

Am anderen Morgen erließ Luther ein Sendschreiben an den
Kurfürsten von Sachsen, worin er, nach einem bitteren Seitenblick auf die seine Person umgebenden Herren Hinz und Kunz,
Kämmerer und Mundschenk von Tronka, welche die Klage, wie
allgemein bekannt war, untergeschlagen hatten, dem Herrn, mit
der Freimütigkeit, die ihm eigen war, eröffnete, dass bei so ärger-
lichen Umständen, nichts anderes zu tun übrig sei, als den Vorschlag des Rosshändlers anzunehmen, und ihm des Vorgefallenen
wegen, zur Erneuerung seines Prozesses, Amnestie zu erteilen.
Die öffentliche Meinung, bemerkte er, sei auf eine höchst gefährliche Weise, auf dieses Mannes Seite, dergestalt, dass selbst in dem

dreimal von ihm eingeäscherten Wittenberg, eine Stimme zu seinem Vorteil spreche; und da er sein Anerbieten, falls er damit abgewiesen werden sollte, unfehlbar, unter gehässigen Bemerkungen, zur Wissenschaft des Volks bringen würde, so könne dasselbe leicht in dem Grade verführt werden, dass mit der Staatsgewalt gar nichts mehr gegen ihn auszurichten sei. Er schloss, dass man, in diesem außerordentlichen Fall, über die Bedenklichkeit, mit einem Staatsbürger, der die Waffen ergriffen, in Unterhandlung zu treten, hinweggehen müsse; dass derselbe in der Tat durch das Verfahren, das man gegen ihn beobachtet, auf gewisse Weise außer der Staatsverbindung gesetzt worden sei; und kurz, dass man ihn, um aus dem Handel zu kommen, mehr als eine fremde, in das Land gefallene Macht, wozu er sich auch, da er ein Ausländer sei, gewissermaßen qualifiziere, als einen Rebellen, der sich gegen den Thron auflehne, betrachten müsse. – Der Kurfürst erhielt diesen Brief eben, als der Prinz Christiern von Meißen, Generalissimus des Reichs, Oheim des bei Mühlberg geschlagenen und an seinen Wunden noch daniederliegenden Prinzen Friedrich von Meißen; der Großkanzler des Tribunals, Graf Wrede; Graf Kallheim, Präsident der Staatskanzlei; und die beiden Herren Hinz und Kunz von Tronka, dieser Kämmerer, jener Mundschenk, die Jugendfreunde und Vertrauten des Herrn, in dem Schlosse gegenwärtig waren. Der Kämmerer, Herr Kunz, der, in der Qualität eines Geheimrats, des Herrn geheime Korrespondenz, mit der Befugnis, sich seines Namens und Wappens zu bedienen, besorgte, nahm zuerst das Wort, und nachdem er noch einmal weitläufig auseinander gelegt hatte, dass er die Klage, die der Rosshändler gegen den Junker, seinen Vetter, bei dem Tribunal eingereicht, nimmermehr durch eine eigenmächtige Verfügung niedergeschlagen haben würde, wenn er sie nicht, durch falsche Angaben verführt, für eine völlig grundlose und nichtsnutzige Plackerei gehalten hätte, kam er auf die gegenwärtige Lage der Dinge. Er bemerkte, dass, weder nach göttlichen noch menschlichen Gesetzen, der Rosskamm, um dieses Missgriffs willen, befugt gewesen wäre, eine so ungeheure Selbstrache, als er sich erlaubt, auszuüben; schilderte den Glanz, der durch eine Verhandlung mit demselben, als einer rechtlichen Kriegsgewalt, auf sein gottverdammtes Haupt falle; und die Schmach, die dadurch auf die geheiligte Person des Kurfürsten zurückspringe, schien ihm so unerträglich, dass er, im Feuer der Beredsamkeit, lieber das Äußerste erleben, den Rechtsschluss des rasenden Rebellen erfüllt, und den Junker, seinen Vetter, zur Dickfütterung der Rappen nach Kohlhaasenbrück abgeführt sehen, als den Vorschlag,

den der Doktor Luther gemacht, angenommen wissen wollte. Der
Großkanzler des Tribunals, Graf Wrede, äußerte, halb zu ihm ge-
wandt, sein Bedauern, dass eine so zarte Sorgfalt, als er, bei der
Auflösung dieser allerdings misslichen Sache, für den Ruhm des
Herrn zeige, ihn nicht, bei der ersten Veranlassung derselben, erfüllt hätte. Er stellte dem Kurfürsten sein Bedenken vor, die
Staatsgewalt, zur Durchsetzung einer offenbar unrechtlichen
Maßregel, in Anspruch zu nehmen; bemerkte, mit einem bedeu-
tenden Blick auf den Zulauf, den der Rosshändler fortdauernd im
Lande fand, dass der Faden der Freveltaten sich auf diese Weise
ins Unendliche fortzuspinnen drohe, und erklärte, dass nur ein
schlichtes Rechttun, indem man unmittelbar und rücksichtslos
den Fehltritt, den man sich zu Schulden kommen lassen, wieder
gut machte, ihn abreißen und die Regierung glücklich aus diesem
hässlichen Handel herausziehen könne. Der Prinz Christiern von
Meißen, auf die Frage des Herrn, was er davon halte? äußerte, mit
Verehrung gegen den Großkanzler gewandt: die Denkungsart,
die er an den Tag lege, erfülle ihn zwar mit dem größesten Res-
pekt; indem er aber dem Kohlhaas zu seinem Recht verhelfen wolle, bedenke er nicht, dass er Wittenberg und Leipzig, und das
ganze durch ihn misshandelte Land, in seinem gerechten Anspruch auf Schadenersatz, oder wenigstens Bestrafung, beein-
trächtige. Die Ordnung des Staats sei, in Beziehung auf diesen
Mann, so verrückt, dass man sie schwerlich durch einen Grund-
satz, aus der Wissenschaft des Rechts entlehnt, werde einrenken
können. Daher stimme er, nach der Meinung des Kämmerers,
dafür, das Mittel, das für solche Fälle eingesetzt sei, ins Spiel zu
ziehen: einen Kriegshaufen, von hinreichender Größe zusammenzuraffen, und den Rosshändler, der in Lützen aufgepflanzt
sei, damit aufzuheben oder zu erdrücken. Der Kämmerer, indem
er für ihn und den Kurfürsten Stühle von der Wand nahm, und auf
eine verbindliche Weise ins Zimmer setzte, sagte: er freue sich,
dass ein Mann von seiner Rechtschaffenheit und Einsicht mit ihm
in dem Mittel, diese Sache zweideutiger Art beizulegen, über-
einstimme. Der Prinz, indem er den Stuhl, ohne sich zu setzen, in
der Hand hielt, und ihn ansah, versicherte ihn: dass er gar nicht
Ursache hätte sich deshalb zu freuen, indem die damit verbunde-
ne Maßregel notwendig die wäre, einen Verhaftungsbefehl vorher
gegen ihn zu erlassen, und wegen Missbrauchs des landesherrlichen Namens den Prozess zu machen. Denn wenn Notwendig-
keit erfordere, den Schleier vor dem Thron der Gerechtigkeit nie-
derzulassen, über eine Reihe von Freveltaten, die unabsehbar wie
sie sich forterzeugt, vor den Schranken desselben zu erscheinen,

nicht mehr Raum fänden, so gelte das nicht von der ersten, die sie
veranlasst; und allererst seine Anklage auf Leben und Tod könne
den Staat zur Zermalmung des Rosshändlers bevollmächtigen,
dessen Sache, wie bekannt, sehr gerecht sei, und dem man das
Schwert, das er führe, selbst in die Hand gegeben. Der Kurfürst,
den der Junker bei diesen Worten betroffen ansah, wandte sich,
indem er über das ganze Gesicht rot ward, und trat ans Fenster.
Der Graf Kallheim, nach einer verlegenen Pause von allen Seiten,
sagte, dass man auf diese Weise aus dem Zauberkreise, in dem
man befangen, nicht herauskäme. Mit demselben Rechte könne
seinem Neffen, dem Prinzen Friedrich, der Prozess gemacht
werden; denn auch er hätte, auf dem Streifzug sonderbarer Art,
den er gegen den Kohlhaas unternommen, seine Instruktion auf
mancherlei Weise überschritten: dergestalt, dass wenn man nach
der weitläufigen Schar derjenigen frage, die die Verlegenheit, in
welcher man sich befinde, veranlasst, er gleichfalls unter die Zahl
derselben würde benannt, und von dem Landesherrn wegen dessen was bei Mühlberg vorgefallen, zur Rechenschaft gezogen
werden müssen. Der Mundschenk, Herr Hinz von Tronka,
während der Kurfürst mit ungewissen Blicken an seinen Tisch
trat, nahm das Wort und sagte: er begriffe nicht, wie der Staatsbe-
schluss, der zu fassen sei, Männern von solcher Weisheit, als hier
versammelt wären, entgehen könne. Der Rosshändler habe, seines
Wissens, gegen bloß freies Geleit nach Dresden, und erneuerte
Untersuchung seiner Sache, versprochen, den Haufen, mit dem er
in das Land gefallen, auseinander gehen zu lassen. Daraus aber folge nicht, dass man ihm, wegen dieser frevelhaften Selbstrache,
Amnestie erteilen müsse: zwei Rechtsbegriffe, die der Doktor Luther sowohl, als auch der Staatsrat zu verwechseln scheine. Wenn,
fuhr er fort, indem er den Finger an die Nase legte, bei dem Tribunal zu Dresden, gleichviel wie, das Erkenntnis der Rappen wegen
gefallen ist; so hindert nichts, den Kohlhaas auf den Grund seiner
Mordbrennereien und Räubereien einzustecken: eine staatskluge
Wendung, die die Vorteile der Ansichten beider Staatsmänner
vereinigt, und des Beifalls der Welt und Nachwelt gewiss ist. – Der
Kurfürst, da der Prinz sowohl als der Großkanzler dem Mundschenk, Herrn Hinz, auf diese Rede mit einem bloßen Blick ant-
worteten, und die Verhandlung mithin geschlossen schien, sagte:
dass er die verschiedenen Meinungen, die sie ihm vorgetragen, bis
zur nächsten Sitzung des Staatsrats bei sich selbst überlegen würde. – Es schien, die Präliminar-Maßregel, deren der Prinz gedacht,
hatte seinem für Freundschaft sehr empfänglichen Herzen die
Lust benommen, den Heereszug gegen den Kohlhaas, zu wel-

chem schon alles vorbereitet war, auszuführen. Wenigstens behielt er den Großkanzler, Grafen Wrede, dessen Meinung ihm die zweckmäßigste schien, bei sich zurück; und da dieser ihm Briefe vorzeigte, aus welchen hervorging, dass der Rosshändler in der Tat schon zu einer Stärke von vierhundert Mann herangewachsen sei; ja, bei der allgemeinen Unzufriedenheit, die wegen der Unziemlichkeiten des Kämmerers im Lande herrschte, in kurzem auf eine doppelte und dreifache Stärke rechnen könne: so entschloss sich der Kurfürst, ohne weiteren Anstand, den Rat, den ihm der Doktor Luther erteilt, anzunehmen. Dem gemäß übergab er dem Grafen Wrede die ganze Leitung der Kohlhaasischen Sache; und schon nach wenigen Tagen erschien ein Plakat, das wir, dem Hauptinhalt nach, folgendermaßen mitteilen:

„Wir etc. etc. Kurfürst von Sachsen, erteilen, in besonders gnädiger Rücksicht auf die an Uns ergangene Fürsprache des Doktors Martin Luther, dem Michael Kohlhaas, Rosshändler aus dem Brandenburgischen, unter der Bedingung, binnen drei Tagen nach Sicht die Waffen, die er ergriffen, niederzulegen, behufs einer erneuerten Untersuchung seiner Sache, freies Geleit nach Dresden; dergestalt zwar, dass, wenn derselbe, wie nicht zu erwarten, bei dem Tribunal zu Dresden mit seiner Klage, der Rappen wegen, abgewiesen werden sollte, gegen ihn, seines eigenmächtigen Unternehmens wegen, sich selbst Recht zu verschaffen, mit der ganzen Strenge des Gesetzes verfahren werden solle; im entgegengesetzten Fall aber, ihm mit seinem ganzen Haufen, Gnade für Recht bewilligt, und völlige Amnestie, seiner in Sachsen ausgeübten Gewalttätigkeiten wegen, zugestanden sein solle."

Kohlhaas hatte nicht sobald, durch den Doktor Luther, ein Exemplar dieses in allen Plätzen des Landes angeschlagenen Plakats erhalten, als er, so bedingungsweise auch die darin geführte Sprache war, seinen ganzen Haufen schon, mit Geschenken, Danksagungen und zweckmäßigen Ermahnungen auseinander gehen ließ. Er legte alles, was er an Geld, Waffen und Gerätschaften erbeutet haben mochte, bei den Gerichten zu Lützen, als kurfürstliches Eigentum, nieder; und nachdem er den Waldmann mit Briefen, wegen Wiederkaufs seiner Meierei, wenn es möglich sei, an den Amtmann nach Kohlhaasenbrück, und den Sternbald zur Abholung seiner Kinder, die er wieder bei sich zu haben wünschte, nach Schwerin geschickt hatte, verließ er das Schloss zu Lützen, und ging, unerkannt, mit dem Rest seines kleinen Vermögens, das er in Papieren bei sich trug, nach Dresden.

Der Tag brach eben an, und die ganze Stadt schlief noch, als er
an die Tür der kleinen, in der Pirnaischen Vorstadt gelegenen Besitzung, die ihm durch die Rechtschaffenheit des Amtmanns
übrig geblieben war, anklopfte, und Thomas, dem alten, die Wirtschaft führenden Hausmann, der ihm mit Erstaunen und Bestürzung aufmachte, sagte: er möchte dem Prinzen von Meißen auf
dem Gubernium melden, dass er, Kohlhaas der Rosshändler, da
wäre. Der Prinz von Meißen, der auf diese Meldung für zweckmäßig hielt, augenblicklich sich selbst von dem Verhältnis, in welchem man mit diesem Mann stand, zu unterrichten, fand, als er
mit einem Gefolge von Rittern und Trossknechten bald darauf erschien, in den Straßen, die zu Kohlhaasens Wohnung führten,
schon eine unermessliche Menschenmenge versammelt. Die
Nachricht, dass der Würgengel da sei, der die Volksbedrücker mit
Feuer und Schwert verfolgte, hatte ganz Dresden, Stadt und Vorstadt, auf die Beine gebracht; man musste die Haustür von dem
Andrang des neugierigen Haufens verriegeln, und die Jungen
kletterten an den Fenstern heran, um den Mordbrenner, der darin
frühstückte, in Augenschein zu nehmen. Sobald der Prinz, mit
Hülfe der ihm Platz machenden Wache, ins Haus gedrungen, und
in Kohlhaasens Zimmer getreten war, fragte er diesen, welcher
halb entkleidet an einem Tische stand: ob er Kohlhaas, der Rosshändler, wäre? worauf Kohlhaas, indem er eine Brieftasche mit
mehreren über sein Verhältnis lautenden Papieren aus seinem
Gurt nahm, und ihm ehrerbietig überreichte, antwortete: ja! und
hinzusetzte: er finde sich nach Auflösung seines Kriegshaufens,
der ihm erteilten landesherrlichen Freiheit gemäß, in Dresden ein,
um seine Klage, der Rappen wegen, gegen den Junker Wenzel von
Tronka vor Gericht zu bringen. Der Prinz, nach einem flüchtigen
Blick, womit er ihn von Kopf zu Fuß überschaute, durchlief die in
der Brieftasche befindlichen Papiere; ließ sich von ihm erklären,
was es mit einem von dem Gericht zu Lützen ausgestellten Schein,
den er darin fand, über die zu Gunsten des kurfürstlichen Schat-
zes gemachte Deposition für eine Bewandtnis habe; und nachdem
er die Art des Mannes noch, durch Fragen mancherlei Gattung,
nach seinen Kindern, seinem Vermögen und der Lebensart die er
künftig zu führen denke, geprüft, und überall so, dass man wohl
seinetwegen ruhig sein konnte, befunden hatte, gab er ihm die
Briefschaften wieder, und sagte: dass seinem Prozess nichts im
Wege stünde, und dass er sich nur unmittelbar, um ihn einzuleiten, an den Großkanzler des Tribunals, Grafen Wrede, selbst
wenden möchte. Inzwischen, sagte der Prinz, nach einer Pause,
indem er ans Fenster trat, und mit großen Augen das Volk, das vor

dem Hause versammelt war, überschaute: du wirst auf die ersten
Tage eine Wache annehmen müssen, die dich, in deinem Hause
sowohl, als wenn du ausgehst, schütze! – – Kohlhaas sah betroffen
vor sich nieder, und schwieg. Der Prinz sagte: „gleichviel!", indem er das Fenster wieder verließ. „Was daraus entsteht, du hast
es dir selbst beizumessen"; und damit wandte er sich wieder nach
der Tür, in der Absicht, das Haus zu verlassen. Kohlhaas, der sich
besonnen hatte, sprach: Gnädigster Herr! tut, was Ihr wollt! Gebt
mir Euer Wort, die Wache, sobald ich es wünsche, wieder aufzuheben: so habe ich gegen diese Maßregel nichts einzuwenden! Der
Prinz erwiderte: das bedürfe der Rede nicht; und nachdem er drei
Landsknechten, die man ihm zu diesem Zweck vorstellte, bedeu-
tet hatte: dass der Mann, in dessen Hause sie zurückblieben, frei
wäre, und dass sie ihm bloß zu seinem Schutz, wenn er ausginge,
folgen sollten, grüßte er den Rosshändler mit einer herablassen-
den Bewegung der Hand, und entfernte sich.

Gegen Mittag begab sich Kohlhaas, von seinen drei Landsknechten begleitet, unter dem Gefolge einer unabsehbaren Menge, die ihm aber auf keine Weise, weil sie durch die Polizei gewarnt
war, etwas zu Leide tat, zu dem Großkanzler des Tribunals, Grafen Wrede. Der Großkanzler, der ihn mit Milde und Freundlich-
keit in seinem Vorgemach empfing, unterhielt sich während zwei
ganzer Stunden mit ihm, und nachdem er sich den ganzen Verlauf
der Sache, von Anfang bis zu Ende, hatte erzählen lassen, wies er
ihn, zur unmittelbaren Abfassung und Einreichung der Klage, an
einen, bei dem Gericht angestellten, berühmten Advokaten der
Stadt. Kohlhaas, ohne weiteren Verzug, verfügte sich in dessen
Wohnung; und nachdem die Klage, ganz der ersten niedergeschlagenen gemäß, auf Bestrafung des Junkers nach den Gesetzen,
Wiederherstellung der Pferde in den vorigen Stand, und Ersatz
seines Schadens sowohl, als auch dessen, den sein bei Mühlberg
gefallener Knecht Herse erlitten hatte, zu Gunsten der alten Mutter desselben, aufgesetzt war, begab er sich wieder, unter Begleitung des ihn immer noch angaffenden Volks, nach Hause zurück,
wohl entschlossen, es anders nicht, als nur wenn notwendige Geschäfte ihn riefen, zu verlassen.

Inzwischen war auch der Junker seiner Haft in Wittenberg entlassen, und nach Herstellung von einer gefährlichen Rose, die seinen Fuß entzündet hatte, von dem Landesgericht unter peremto-
rischen Bedingungen aufgefordert worden, sich zur Verantwortung auf die von dem Rosshändler Kohlhaas gegen ihn ein-
gereichte Klage, wegen widerrechtlich abgenommener und zu
Grunde gerichteter Rappen, in Dresden zu stellen. Die Gebrüder

Kämmerer und Mundschenk von Tronka, Lehnsvettern des Junkers, in deren Hause er abtrat, empfingen ihn mit der größesten Erbitterung und Verachtung; sie nannten ihn einen Elenden und Nichtswürdigen, der Schande und Schmach über die ganze Familie bringe, kündigten ihm an, dass er seinen Prozess nunmehr unfehlbar verlieren würde, und forderten ihn auf, nur gleich zur Herbeischaffung der Rappen, zu deren Dickfütterung er, zum Hohngelächter der Welt, verdammt werden werde, Anstalt zu machen. Der Junker sagte, mit schwacher, zitternder Stimme: er sei der bejammernswürdigste Mensch von der Welt. Er verschwor sich, dass er von dem ganzen verwünschten Handel, der ihn ins Unglück stürze, nur wenig gewusst, und dass der Schlossvogt und der Verwalter an allem schuld wären, indem sie die Pferde, ohne sein entferntestes Wissen und Wollen, bei der Ernte gebraucht, und durch unmäßige Anstrengungen, zum Teil auf ihren eigenen Feldern, zu Grunde gerichtet hätten. Er setzte sich, indem er dies sagte, und bat ihn nicht durch Kränkungen und Beleidigungen in das Übel, von dem er nur soeben erst erstanden sei, mutwillig zurückzustürzen. Am andern Tage schrieben die Herren Hinz und Kunz, die in der Gegend der eingeäscherten Tronkenburg Güter besaßen, auf Ansuchen des Junkers, ihres Vetters, weil doch nichts anders übrig blieb, an ihre dort befindlichen Verwalter und Pächter, um Nachricht über die an jenem unglücklichen Tage abhanden gekommenen und seitdem gänzlich verschollenen Rappen einzuziehn. Aber alles, was sie bei der gänzlichen Verwüstung des Platzes, und der Niedermetzelung fast aller Einwohner, erfahren konnten, war, dass ein Knecht sie, von den flachen Hieben des Mordbrenners getrieben, aus dem brennenden Schuppen, in welchem sie standen, gerettet, nachher aber auf die Frage, wo er sie hinführen, und was er damit anfangen solle, von dem grimmigen Wüterich einen Fußtritt zur Antwort erhalten habe. Die alte, von der Gicht geplagte Haushälterin des Junkers, die sich nach Meißen geflüchtet hatte, versicherte demselben, auf eine schriftliche Anfrage, dass der Knecht sich, am Morgen jener entsetzlichen Nacht, mit den Pferden nach der brandenburgischen Grenze gewandt habe; doch alle Nachfragen, die man daselbst anstellte, waren vergeblich, und es schien dieser Nachricht ein Irrtum zum Grunde zu liegen, indem der Junker keinen Knecht hatte, der im Brandenburgischen, oder auch nur auf der Straße dorthin, zu Hause war. Männer aus Dresden, die wenige Tage nach dem Brande der Tronkenburg in Wilsdruf gewesen waren, sagten aus, dass um die benannte Zeit ein Knecht mit zwei an der Halfter gehenden Pferden dort angekommen, und die Tiere, weil

44

sie sehr elend gewesen wären, und nicht weiter fort gekonnt hätten, im Kuhstall eines Schäfers, der sie wieder hätte aufbringen
wollen, stehen gelassen hätte. Es schien mancherlei Gründe wegen sehr wahrscheinlich, dass dies die in Untersuchung stehenden
5 Rappen waren; aber der Schäfer aus Wilsdruf hatte sie, wie Leute,
die dorther kamen, versicherten, schon wieder, man wusste nicht
an wen, verhandelt; und ein drittes Gerücht, dessen Urheber un-
entdeckt blieb, sagte gar aus, dass die Pferde bereits in Gott ver-
schieden, und in der Knochengrube zu Wilsdruf begraben wären.
10 Die Herren Hinz und Kunz, denen diese Wendung der Dinge,
wie man leicht begreift, die erwünschteste war, indem sie dadurch,
bei des Junkers ihres Vetters Ermangelung eigener Ställe, der Not-
wendigkeit, die Rappen in den ihrigen aufzufüttern, überhoben
waren, wünschten gleichwohl, völliger Sicherheit wegen, diesen
15 Umstand zu bewahrheiten. Herr Wenzel von Tronka erließ demnach, als Erb-, Lehns- und Gerichtsherr, ein Schreiben an die Gerichte zu Wilsdruf, worin er dieselben, nach einer weitläufigen
Beschreibung der Rappen, die, wie er sagte, ihm anvertraut und
durch einen Unfall abhanden gekommen wären, dienstfreund-
20 lichst ersuchte, den dermaligen Aufenthalt derselben zu erfor-
schen, und den Eigner, wer er auch sei, aufzufordern und anzuhalten, sie gegen reichliche Wiedererstattung aller Kosten, in den
Ställen des Kämmerers, Herrn Kunz, zu Dresden abzuliefern.
Dem gemäß erschien auch wirklich, wenige Tage darauf, der
25 Mann an den sie der Schäfer aus Wilsdruf verhandelt hatte, und
führte sie, dürr und wankend, an die Runge seines Karrens gebunden, auf den Markt der Stadt; das Unglück aber Herrn Wenzels,
und noch mehr des ehrlichen Kohlhaas wollte, dass es der Abdecker aus Döbbeln war.
30 Sobald Herr Wenzel, in Gegenwart des Kämmerers, seines Vetters, durch ein unbestimmtes Gerücht vernommen hatte, dass ein
Mann mit zwei schwarzen aus dem Brande der Tronkenburg ent-
kommenen Pferden in der Stadt angelangt sei, begaben sich beide,
in Begleitung einiger aus dem Hause zusammengerafften Knech-
35 te, auf den Schlossplatz, wo er stand, um sie demselben, falls es die
dem Kohlhaas zugehörigen wären, gegen Erstattung der Kosten
abzunehmen, und nach Hause zu führen. Aber wie betreten waren die Ritter, als sie bereits einen, von Augenblick zu Augenblick
sich vergrößernden Haufen von Menschen, den das Schauspiel
40 herbeigezogen, um den zweirädrigen Karren, an dem die Tiere be-
festigt waren, erblickten; unter unendlichem Gelächter einander
zurufend, dass die Pferde schon, um derenthalben der Staat wan-
ke, an den Schinder gekommen wären! Der Junker, der um den

45

Karren herumgegangen war, und die jämmerlichen Tiere, die alle Augenblicke sterben zu wollen schienen, betrachtet hatte, sagte verlegen: das wären die Pferde nicht, die er dem Kohlhaas abgenommen; doch Herr Kunz, der Kämmerer, einen Blick sprachlosen Grimms voll auf ihn werfend, der, wenn er von Eisen gewesen wäre, ihn zerschmettert hätte, trat, indem er seinen Mantel, Orden und Kette entblößend, zurückschlug, zu dem Abdecker heran, und fragte ihn: ob das die Rappen wären, die der Schäfer von Wilsdruf an sich gebracht, und der Junker Wenzel von Tronka, dem sie gehörten, bei den Gerichten daselbst requiriert hätte? Der Abdecker, der, einen Eimer Wasser in der Hand, beschäftigt war, einen dicken, wohlbeleibten Gaul, der seinen Karren zog, zu tränken, sagte: „die schwarzen?" – Er streifte dem Gaul, nachdem er den Eimer niedergesetzt, das Gebiss aus dem Maul, und sagte: „die Rappen, die an die Runge gebunden wären, hätte ihm der Schweinehirte von Hainichen verkauft. Wo der sie her hätte, und ob sie von dem Wilsdrufer Schäfer kämen, das wisse er nicht. Ihm hätte", sprach er, während er den Eimer wieder aufnahm, und zwischen Deichsel und Knie anstemmte: „ihm hätte der Gerichtsbote aus Wilsdruf gesagt, dass er sie nach Dresden in das Haus derer von Tronka bringen solle; aber der Junker, an den er gewiesen sei, heiße Kunz." Bei diesen Worten wandte er sich mit dem Rest des Wassers, den der Gaul im Eimer übrig gelassen hatte, und schüttete ihn auf das Pflaster der Straße aus. Der Kämmerer, der, von den Blicken der hohnlachenden Menge umstellt, den Kerl, der mit empfindungslosem Eifer seine Geschäfte betrieb, nicht bewegen konnte, dass er ihn ansah, sagte: dass er der Kämmerer, Kunz von Tronka, wäre; die Rappen aber, die er an sich bringen solle, müssten dem Junker, seinem Vetter, gehören; von einem Knecht, der bei Gelegenheit des Brandes aus der Tronkenburg entwichen, an den Schäfer zu Wilsdruf gekommen, und ursprünglich zwei dem Rosshändler Kohlhaas zugehörige Pferde sein! Er fragte den Kerl, der mit gespreizten Beinen dastand, und sich die Hosen in die Höhe zog: ob er davon nichts wisse? Und ob sie der Schweinehirte von Hainichen nicht vielleicht, auf welchen Umstand alles ankomme, von dem Wilsdrufer Schäfer, oder von einem Dritten, der sie seinerseits von demselben gekauft, erstanden hätte? – Der Abdecker, der sich an den Wagen gestellt und sein Wasser abgeschlagen hatte, sagte: „er wäre mit den Rappen nach Dresden bestellt, um in dem Hause derer von Tronka sein Geld dafür zu empfangen. Was er da vorbrächte, verstände er nicht; und ob, sie, vor dem Schweinehirten aus Hainichen, Peter oder Paul besessen hätte, oder der Schäfer aus Wilsdruf, gelte ihm, da sie

nicht gestohlen wären, gleich." Und damit ging er, die Peitsche
quer über seinen breiten Rücken, nach einer Kneipe, die auf dem
Platze lag, in der Absicht, hungrig wie er war, ein Frühstück ein-
zunehmen. Der Kämmerer, der auf der Welt Gottes nicht wusste,
was er mit Pferden, die der Schweinehirte von Hainichen an den
Schinder in Döbbeln verkauft, machen solle, falls es nicht diejeni-
gen wären, auf welchen der Teufel durch Sachsen ritt, forderte den
Junker auf, ein Wort zu sprechen; doch da dieser mit bleichen, be-
benden Lippen erwiderte: das Ratsamste wäre, dass man die Rappen kaufe, sie möchten dem Kohlhaas gehören oder nicht: so trat
der Kämmerer, Vater und Mutter, die ihn geboren, verfluchend,
indem er sich den Mantel zurückschlug, gänzlich unwissend, was
er zu tun oder zu lassen habe, aus dem Haufen des Volks zurück.
Er rief den Freiherrn von Wenk, einen Bekannten, der über die
Straße ritt, zu sich heran, und trotzig, den Platz nicht zu verlassen,
eben weil das Gesindel höhnisch auf ihn einblickte, und, mit vor
dem Mund zusammengedrückten Schnupftüchern, nur auf seine
Entfernung zu warten schien, um loszuplatzen, bat er ihn, bei dem
Großkanzler, Grafen Wrede, abzusteigen, und durch dessen Ver-
mittelung den Kohlhaas zur Besichtigung der Rappen herbeizuschaffen. Es traf sich, dass Kohlhaas eben, durch einen Gerichts-
boten herbeigerufen, in dem Gemach des Großkanzlers, gewisser,
die Deposition in Lützen betreffenden Erläuterungen wegen, die
man von ihm bedurfte, gegenwärtig war, als der Freiherr, in der
eben erwähnten Absicht, zu ihm ins Zimmer trat; und während
der Großkanzler sich mit einem verdrießlichen Gesicht vom Sessel erhob, und den Rosshändler, dessen Person jenem unbekannt
war, mit den Papieren, die er in der Hand hielt, zur Seite stehen
ließ, stellte der Freiherr ihm die Verlegenheit, in welcher sich die
Herren von Tronka befanden, vor. Der Abdecker von Döbbeln
sei, auf mangelhafte Requisition der Wilsdrufer Gerichte, mit
Pferden erschienen, deren Zustand so heillos beschaffen wäre,
dass der Junker Wenzel anstehen müsse, sie für die dem Kohlhaas
gehörigen anzuerkennen; dergestalt, dass, falls man sie gleichwohl
dem Abdecker abnehmen solle, um in den Ställen der Ritter, zu ihrer Wiederherstellung, einen Versuch zu machen, vorher eine
Okular-Inspektion des Kohlhaas, um den besagten Umstand
außer Zweifel zu setzen, notwendig sei. „Habt demnach die Gü-
te", schloss er, „den Rosshändler durch eine Wache aus seinem
Hause abholen und auf den Markt, wo die Pferde stehen, hinführen zu lassen." Der Großkanzler, indem er sich eine Brille von
der Nase nahm, sagte: dass er in einem doppelten Irrtum stünde;
einmal, wenn er glaube, dass der in Rede stehende Umstand an-

47

ders nicht, als durch eine Okular-Inspektion des Kohlhaas auszumitteln sei; und dann, wenn er sich einbilde, er, der Kanzler, sei
befugt, den Kohlhaas durch eine Wache, wohin es dem Junker be-
liebe, abführen zu lassen. Dabei stellte er ihm den Rosshändler,
der hinter ihm stand, vor, und bat ihn, indem er sich niederließ
und seine Brille wieder aufsetzte, sich in dieser Sache an ihn selbst
zu wenden. – Kohlhaas, der mit keiner Miene, was in seiner Seele
vorging, zu erkennen gab, sagte: dass er bereit wäre, ihm zur Besichtigung der Rappen, die der Abdecker in die Stadt gebracht, auf
den Markt zu folgen. Er trat, während der Freiherr sich betroffen
zu ihm umkehrte, wieder an den Tisch des Großkanzlers heran,
und nachdem er demselben noch, aus den Papieren seiner Brieftasche, mehrere, die Deposition in Lützen betreffende Nachrichten
gegeben hatte, beurlaubte er sich von ihm; der Freiherr, der, über
das ganze Gesicht rot, ans Fenster getreten war, empfahl sich ihm
gleichfalls; und beide gingen, begleitet von den drei durch den
Prinzen von Meißen eingesetzten Landsknechten, unter dem
Tross einer Menge von Menschen, nach dem Schlossplatz hin.
Der Kämmerer, Herr Kunz, der inzwischen den Vorstellungen
mehrerer Freunde, die sich um ihn eingefunden hatten, zum
Trotz, seinen Platz, dem Abdecker von Döbbeln gegenüber, unter dem Volke behauptet hatte, trat, sobald der Freiherr mit dem
Rosshändler erschien, an den Letzteren heran, und fragte ihn, indem er sein Schwert, mit Stolz und Ansehen, unter dem Arm hielt:
ob die Pferde, die hinter dem Wagen stünden, die seinigen wären?
Der Rosshändler, nachdem er, mit einer bescheidenen Wendung
gegen den die Frage an ihn richtenden Herrn, den er nicht kannte,
den Hut gerückt hatte, trat, ohne ihm zu antworten, im Gefolge
sämtlicher Ritter, an den Schinderkarren heran; und die Tiere, die,
auf wankenden Beinen, die Häupter zur Erde gebeugt, dastanden,
und von dem Heu, das ihnen der Abdecker vorgelegt hatte, nicht
fraßen, flüchtig, aus einer Ferne von zwölf Schritt, in welcher er
stehen blieb, betrachtet: gnädigster Herr! wandte er sich wieder
zu dem Kämmerer zurück, der Abdecker hat ganz Recht; die Pferde, die an seinen Karren gebunden sind, gehören mir! Und damit,
indem er sich in dem ganzen Kreise der Herren umsah, rückte er
den Hut noch einmal, und begab sich, von seiner Wache begleitet,
wieder von dem Platz hinweg. Bei diesen Worten trat der Kämmerer, mit einem raschen, seinen Helmbusch erschütternden
Schritt zu dem Abdecker heran, und warf ihm einen Beutel mit
Geld zu; und während dieser sich, den Beutel in der Hand, mit einem bleiernen Kamm die Haare über die Stirn zurückkämmte,
und das Geld betrachtete, befahl er einem Knecht, die Pferde ab-

zulösen und nach Hause zu führen! Der Knecht, der auf den Ruf
des Herrn, einen Kreis von Freunden und Verwandten, die er unter dem Volke besaß, verlassen hatte, trat auch, in der Tat, ein wenig rot im Gesicht, über eine große Mistpfütze, die sich zu ihren
Füßen gebildet hatte, zu den Pferden heran; doch kaum hatte er
ihre Halftern erfasst, um sie loszubinden, als ihn Meister Himboldt, sein Vetter, schon beim Arm ergriff, und mit den Worten:
du rührst die Schindmähren nicht an! von dem Karren hinweg-
schleuderte. Er setzte, indem er sich mit ungewissen Schritten
über die Mistpfütze wieder zu dem Kämmerer, der über diesen
Vorfall sprachlos dastand, zurückwandte, hinzu: dass er sich einen Schinderknecht anschaffen müsse, um ihm einen solchen
Dienst zu leisten! Der Kämmerer, der, vor Wut schäumend, den
Meister auf einen Augenblick betrachtet hatte, kehrte sich um,
und rief über die Häupter der Ritter, die ihn umringten, hinweg,
nach der Wache; und sobald, auf die Bestellung des Freiherrn von
Wenk, ein Offizier mit einigen kurfürstlichen Trabanten, aus dem
Schloss erschienen war, forderte er denselben unter einer kurzen
Darstellung der schändlichen Aufhetzerei, die sich die Bürger der
Stadt erlaubten, auf, den Rädelsführer, Meister Himboldt, in Ver-
haft zu nehmen. Er verklagte den Meister, indem er ihn bei der
Brust fasste: dass er seinen, die Rappen auf seinen Befehl losbin-
denden Knecht von dem Karren hinweggeschleudert und miss-
handelt hätte. Der Meister, indem er den Kämmerer mit einer geschickten Wendung, die ihn befreite, zurückwies, sagte: gnädigster Herr! einem Burschen von zwanzig Jahren bedeuten, was er zu
tun hat, heißt nicht, ihn verhetzen! Befragt ihn, ob er sich gegen
Herkommen und Schicklichkeit mit den Pferden, die an die Karre
gebunden sind, befassen will; will er es, nach dem, was ich gesagt,
tun: sei's! Meinethalb mag er sie jetzt abludern und häuten! Bei
diesen Worten wandte sich der Kämmerer zu dem Knecht herum,
und fragte ihn: ob er irgend Anstand nähme, seinen Befehl zu erfüllen, und die Pferde, die dem Kohlhaas gehörten, loszubinden,
und nach Hause zu führen? und da dieser schüchtern, indem er
sich unter die Bürger mischte, erwiderte: die Pferde müssten erst
ehrlich gemacht werden, bevor man ihm das zumute; so folgte ihm
der Kämmerer von hinten, riss ihm den Hut ab, der mit seinem
Hauszeichen geschmückt war, zog, nachdem er den Hut mit
Füßen getreten, von Leder, und jagte den Knecht mit wütenden
Hieben der Klinge augenblicklich vom Platz weg und aus seinen
Diensten. Meister Himboldt rief: schmeißt den Mordwüterich
doch gleich zu Boden! und während die Bürger, von diesem Auftritt empört, zusammentraten, und die Wache hinwegdrängten,

49

warf er den Kämmerer von hinten nieder, riss ihm Mantel, Kragen und Helm ab, wand ihm das Schwert aus der Hand, und schleuderte es, in einem grimmigen Wurf, weit über den Platz hinweg. Vergebens rief der Junker Wenzel, indem er sich aus dem Tumult rettete, den Rittern zu, seinem Vetter beizuspringen; ehe sie noch einen Schritt dazu getan hatten, waren sie schon von dem Andrang des Volks zerstreut, dergestalt, dass der Kämmerer, der sich den Kopf beim Fallen verletzt hatte, der ganzen Wut der Menge preisgegeben war. Nichts, als die Erscheinung eines Trupps berittener Landsknechte, die zufällig über den Platz zogen, und die der Offizier der kurfürstlichen Trabanten zu seiner Unterstützung herbeirief, konnte den Kämmerer retten. Der Offizier, nachdem er den Haufen verjagt, ergriff den wütenden Meister, und während derselbe durch einige Reuter nach dem Gefängnis gebracht ward, hoben zwei Freunde den unglücklichen mit Blut bedeckten Kämmerer vom Boden auf, und führten ihn nach Hause. Einen so heillosen Ausgang nahm der wohlgemeinte und redliche Versuch, dem Rosshändler wegen des Unrechts, das man ihm zugefügt, Genugtuung zu verschaffen. Der Abdecker von Döbbeln, dessen Geschäft abgemacht war, und der sich nicht länger aufhalten wollte, band, da sich das Volk zu zerstreuen anfing, die Pferde an einen Laternenpfahl, wo sie, den ganzen Tag über, ohne dass sich jemand um sie bekümmerte, ein Spott der Straßenjungen und Tagediebe, stehen blieben; dergestalt, dass in Ermangelung aller Pflege und Wartung die Polizei sich ihrer annehmen musste, und gegen Einbruch der Nacht den Abdecker von Dresden herbeirief, um sie, bis auf weitere Verfügung, auf der Schinderei vor der Stadt zu besorgen.

Dieser Vorfall, so wenig der Rosshändler ihn in der Tat verschuldet hatte, erweckte gleichwohl, auch bei den Gemäßigtern und Besseren, eine, dem Ausgang seiner Streitsache höchst gefährliche Stimmung im Lande. Man fand das Verhältnis desselben zum Staat ganz unerträglich, und in Privathäusern und auf öffentlichen Plätzen, erhob sich die Meinung, dass es besser sei, ein offenbares Unrecht an ihm zu verüben, und die ganze Sache von neuem niederzuschlagen, als ihm Gerechtigkeit, durch Gewalttaten ertrotzt, in einer so nichtigen Sache, zur bloßen Befriedigung seines rasenden Starrsinns, zukommen zu lassen. Zum völligen Verderben des armen Kohlhaas musste der Großkanzler selbst, aus übergroßer Rechtlichkeit, und einem davon herrührenden Hass gegen die Familie von Tronka, beitragen, diese Stimmung zu befestigen und zu verbreiten. Es war höchst unwahrscheinlich, dass die Pferde, die der Abdecker von Dresden jetzt besorgte, jemals wieder in den Stand, wie sie aus dem Stall zu Kohlhaasenbrück gekommen waren, hergestellt werden würden; doch gesetzt, dass es durch Kunst und anhaltende Pflege möglich gewesen wäre: die Schmach, die zufolge der bestehenden Umstände, dadurch auf die Familie des Junkers fiel, war so groß, dass bei dem staatsbürgerlichen Gewicht, den sie, als eine der ersten und edelsten, im Lande hatte, nichts billiger und zweckmäßiger schien, als eine Vergütigung der Pferde in Geld einzuleiten. Gleichwohl, auf einen Brief, in welchem der Präsident, Graf Kallheim, im Namen des Kämmerers, den seine Krankheit abhielt, dem Großkanzler, einige Tage darauf, diesen Vorschlag machte, erließ derselbe zwar ein Schreiben an den Kohlhaas, worin er ihn ermahnte, einen solchen Antrag, wenn er an ihn ergehen sollte, nicht von der Hand zu weisen; den Präsidenten selbst aber bat er, in einer kurzen, wenig verbindlichen Antwort, ihn mit Privataufträgen in dieser Sache zu verschonen, und forderte den Kämmerer auf, sich an den Rosshändler selbst zu wenden, den er ihm als einen sehr billigen und bescheidenen Mann schilderte. Der Rosshändler, dessen Wille, durch den Vorfall, der sich auf dem Markt zugetragen, in der Tat gebrochen war, wartete auch nur, dem Rat des Großkanzlers gemäß, auf eine Eröffnung von Seiten des Junkers, oder seiner Angehörigen, um ihnen mit völliger Bereitwilligkeit und Vergebung alles Geschehenen, entgegenzukommen; doch eben diese Eröffnung war den stolzen Rittern zu tun empfindlich; und schwer erbittert über die Antwort, die sie von dem Großkanzler empfangen hatten, zeigten sie dieselbe dem Kurfürsten, der, am Morgen des nächstfolgenden Tages, den Kämmerer krank, wie er an seinen Wunden danieder lag, in seinem Zimmer besucht hatte. Der Kämmerer, mit einer, durch seinen Zustand, schwachen und rührenden Stimme, fragte ihn, ob er, nachdem er sein Leben daran gesetzt, um diese Sache, seinen Wünschen gemäß, beizulegen, auch noch seine Ehre dem Tadel der Welt aussetzen, und mit einer Bitte um Vergleich und Nachgiebigkeit, vor einem Manne erscheinen solle, der alle nur erdenkliche Schmach und Schande über ihn und seine Familie gebracht habe. Der Kurfürst, nachdem er den Brief gelesen hatte, fragte den Grafen Kallheim verlegen: ob das Tribunal nicht befugt sei, ohne weitere Rücksprache mit dem Kohlhaas, auf den Umstand, dass die Pferde nicht wieder herzustellen wären, zu fußen, und demgemäß das Urteil, gleich, als ob sie tot wären, auf bloße Vergütigung derselben in Geld abzufassen? Der Graf antwortete: „gnädigster Herr, sie *sind* tot: sind in staatsrechtlicher Bedeutung tot, weil sie keinen Wert haben, und werden es physisch sein, bevor man sie, aus der Abdeckerei, in die

Ställe der Ritter gebracht hat"; worauf der Kurfürst, indem er den
Brief einsteckte, sagte, dass er mit dem Großkanzler selbst darüber sprechen wolle, den Kämmerer, der sich halb aufrichtete und
seine Hand dankbar ergriff, beruhigte, und nachdem er ihm noch
empfohlen hatte, für seine Gesundheit Sorge zu tragen, mit vieler
Huld sich von seinem Sessel erhob, und das Zimmer verließ.

So standen die Sachen in Dresden, als sich über den armen
Kohlhaas, noch ein anderes, bedeutenderes Gewitter, von Lützen
her, zusammenzog, dessen Strahl die arglistigen Ritter geschickt
genug waren, auf das unglückliche Haupt desselben herabzulei-
ten. Johann Nagelschmidt nämlich, einer von den durch den
Rosshändler zusammengebrachten, und nach Erscheinung der
kurfürstlichen Amnestie wieder abgedankten Knechten, hatte für
gut befunden, wenige Wochen nachher, an der böhmischen Grenze, einen Teil dieses zu allen Schandtaten aufgelegten Gesindels
von neuem zusammenzuraffen, und das Gewerbe, auf dessen
Spur ihn Kohlhaas geführt hatte, auf seine eigne Hand fortzusetzen. Dieser nichtsnutzige Kerl nannte sich, teils um den Häschern
von denen er verfolgt ward, Furcht einzuflößen, teils um das
Landvolk, auf die gewohnte Weise, zur Teilnahme an seinen
Spitzbübereien zu verleiten, einen Statthalter des Kohlhaas;
sprengte mit einer seinem Herrn abgelernten Klugheit aus, dass
die Amnestie an mehreren, in ihre Heimat ruhig zurückge-
kehrten Knechten nicht gehalten, ja der Kohlhaas selbst, mit him-
melschreiender Wortbrüchigkeit, bei seiner Ankunft in Dresden
eingesteckt, und einer Wache übergeben worden sei; dergestalt,
dass in Plakaten, die den Kohlhaasischen ganz ähnlich waren, sein
Mordbrennerhaufen als ein zur bloßen Ehre Gottes aufgestande-
ner Kriegshaufen erschien, bestimmt, über die Befolgung der ihnen von dem Kurfürsten angelobten Amnestie zu wachen; alles,
wie schon gesagt, keineswegs zur Ehre Gottes, noch aus Anhänglichkeit an den Kohlhaas, dessen Schicksal ihnen völlig gleichgül-
tig war, sondern um unter dem Schutz solcher Vorspiegelungen
desto ungestrafter und bequemer zu sengen und zu plündern. Die
Ritter, sobald die ersten Nachrichten davon nach Dresden kamen,
konnten ihre Freude über diesen, dem ganzen Handel eine andere
Gestalt gebenden Vorfall nicht unterdrücken. Sie erinnerten mit
weisen und missvergnügten Seitenblicken an den Missgriff, den
man begangen, indem man dem Kohlhaas, ihren dringenden und
wiederholten Warnungen zum Trotz, Amnestie erteilt, gleichsam
als hätte man die Absicht gehabt Bösewichtern aller Art dadurch,
zur Nachfolge auf seinem Wege, das Signal zu geben; und nicht
zufrieden, dem Vorgeben des Nagelschmidt, zur bloßen Auf-

rechthaltung und Sicherheit seines unterdrückten Herrn die Waffen ergriffen zu haben, Glauben zu schenken, äußerten sie sogar die bestimmte Meinung, dass die ganze Erscheinung desselben nichts, als ein von dem Kohlhaas angezetteltes Unternehmen sei, um die Regierung in Furcht zu setzen, und den Fall des Rechtsspruchs, Punkt vor Punkt, seinem rasenden Eigensinn gemäß, durchzusetzen und zu beschleunigen. Ja, der Mundschenk, Herr Hinz, ging so weit, einigen Jagdjunkern und Hofherren, die sich nach der Tafel im Vorzimmer des Kurfürsten um ihn versammelt hatten, die Auflösung des Räuberhaufens in Lützen als eine verwünschte Spiegelfechterei darzustellen; und indem er sich über die Gerechtigkeitsliebe des Großkanzlers sehr lustig machte, erwies er aus mehreren witzig zusammengestellten Umständen, dass der Haufen, nach wie vor, noch in den Wäldern des Kurfürstentums vorhanden sei, und nur auf den Wink des Rosshändlers warte, um daraus von neuem mit Feuer und Schwert hervorzubrechen. Der Prinz Christiern von Meißen, über diese Wendung der Dinge, die seines Herrn Ruhm auf die empfindlichste Weise zu beflecken drohte, sehr missvergnügt, begab sich sogleich zu demselben aufs Schloss; und das Interesse der Ritter, den Kohlhaas, wenn es möglich wäre, auf den Grund neuer Vergehungen zu stürzen, wohl durchschauend, bat er sich von demselben die Erlaubnis aus, unverzüglich ein Verhör über den Rosshändler anstellen zu dürfen. Der Rosshändler, nicht ohne Befremden, durch einen Häscher in das Gubernium abgeführt, erschien, den Heinrich und Leopold, seine beiden kleinen Knaben auf dem Arm; denn Sternbald, der Knecht, war Tags zuvor mit seinen fünf Kindern aus dem Mecklenburgischen, wo sie sich aufgehalten hatten, bei ihm angekommen, und Gedanken mancherlei Art, die zu entwickeln zu weitläuftig sind, bestimmten ihn, die Jungen, die ihn bei seiner Entfernung unter dem Erguss kindischer Tränen darum baten, aufzuheben, und in das Verhör mitzunehmen. Der Prinz, nachdem er die Kinder, die Kohlhaas neben sich niedergesetzt hatte, wohlgefällig betrachtet und auf eine freundliche Weise nach ihrem Alter und Namen gefragt hatte, eröffnete ihm, was der Nagelschmidt, sein ehemaliger Knecht, sich in den Tälern des Erzgebirges für Freiheiten herausnehme; und indem er ihm die so genannten Mandate desselben überreichte, forderte er ihn auf, dagegen vorzubringen, was er zu seiner Rechtfertigung vorzubringen wüsste. Der Rosshändler, so schwer er auch in der Tat über diese schändlichen und verräterischen Papiere erschrak, hatte gleichwohl, einem so rechtschaffenen Manne, als der Prinz war, gegenüber, wenig Mühe, die Grundlosigkeit der gegen ihn auf die

Bahn gebrachten Beschuldigungen, befriedigend auseinander zu
legen. Nicht nur, dass zufolge seiner Bemerkung er, so wie die Sachen standen, überhaupt noch zur Entscheidung seines, im besten
Fortgang begriffenen Rechtsstreits, keiner Hülfe von Seiten eines
Dritten bedürfte: aus einigen Briefschaften, die er bei sich trug,
und die er dem Prinzen vorzeigte, ging sogar eine Unwahrschein-
lichkeit ganz eigner Art hervor, dass das Herz des Nagelschmidts
gestimmt sein sollte, ihm dergleichen Hülfe zu leisten, indem er
den Kerl, wegen auf dem platten Lande verübter Notzucht und
anderer Schelmereien, kurz vor Auflösung des Haufens in Lützen
hatte hängen lassen wollen; dergestalt, dass nur die Erscheinung
der kurfürstlichen Amnestie, indem sie das ganze Verhältnis auf-
hob, ihn gerettet hatte, und beide Tags darauf, als Todfeinde auseinander gegangen waren. Kohlhaas, auf seinen von dem Prinzen
angenommenen Vorschlag, setzte sich nieder, und erließ ein Sendschreiben an den Nagelschmidt, worin er das Vorgeben desselben
zur Aufrechthaltung der an ihm und seinen Haufen gebrochenen
Amnestie aufgestanden zu sein, für eine schändliche und ruchlose
Erfindung erklärte; ihm sagte, dass er bei seiner Ankunft in Dresden weder eingesteckt, noch einer Wache übergeben, auch seine
Rechtssache ganz so, wie er es wünsche, im Fortgange sei; und ihn
wegen der, nach Publikation der Amnestie im Erzgebirge ausgeübten Mordbrennereien, zur Warnung des um ihn versammelten Gesindels, der ganzen Rache der Gesetze preisgab. Dabei
wurden einige Fragmente der Kriminalverhandlung, die der Rosshändler auf dem Schlosse zu Lützen, in Bezug auf die oben erwähnten Schändlichkeiten, über ihn hatte anstellen lassen, zur Belehrung des Volks über diesen nichtsnutzigen, schon damals dem
Galgen bestimmten, und, wie schon erwähnt, nur durch das Patent das der Kurfürst erließ, geretteten Kerl, angehängt. Demgemäß beruhigte der Prinz den Kohlhaas über den Verdacht, den
man ihm, durch die Umstände notgedrungen, in diesem Verhör
habe äußern müssen; versicherte ihn, dass so lange *er* in Dresden
wäre, die ihm erteilte Amnestie auf keine Weise gebrochen werden solle; reichte den Knaben noch einmal, indem er sie mit Obst,
das auf seinem Tische stand, beschenkte, die Hand, grüßte den
Kohlhaas und entließ ihn. Der Großkanzler, der gleichwohl die
Gefahr, die über dem Rosshändler schwebte, erkannte, tat sein
Äußerstes, um die Sache desselben, bevor sie durch neue Ereignis-
se verwickelt und verworren würde, zu Ende zu bringen; das aber
wünschten und bezweckten die staatsklugen Ritter eben, und
statt, wie zuvor, mit stillschweigendem Eingeständnis der Schuld,
ihren Widerstand auf ein bloß gemildertes Rechtserkenntnis ein-

zuschränken, fingen sie jetzt an, in Wendungen arglistiger und ra-
bulistischer Art, diese Schuld selbst gänzlich zu leugnen. Bald gaben sie vor, dass die Rappen des Kohlhaas, in Folge eines bloß eigenmächtigen Verfahrens des Schlossvogts und Verwalters, von
welchem der Junker nichts oder nur Unvollständiges gewusst, auf
der Tronkenburg zurückgehalten worden seien; bald versicherten
sie, dass die Tiere schon, bei ihrer Ankunft daselbst, an einem hef-
tigen und gefährlichen Husten krank gewesen wären, und berie-
fen sich deshalb auf Zeugen, die sie herbeizuschaffen sich anheischig machten; und als sie mit diesen Argumenten, nach
weitläufigen Untersuchungen und Auseinandersetzungen, aus
dem Felde geschlagen waren, brachten sie gar ein kurfürstliches
Edikt bei, worin, vor einem Zeitraum von zwölf Jahren, einer
Viehseuche wegen, die Einführung der Pferde aus dem Brandenburgischen ins Sächsische, in der Tat verboten worden war: zum
sonnenklaren Beleg nicht nur der Befugnis, sondern sogar der
Verpflichtung des Junkers, die von dem Kohlhaas über die Grenze gebrachten Pferde anzuhalten. – Kohlhaas, der inzwischen von
dem wackern Amtmann zu Kohlhaasenbrück seine Meierei, gegen eine geringe Vergütigung des dabei gehabten Schadens, käuflich wiedererlangt hatte, wünschte, wie es scheint wegen gericht-
licher Abmachung dieses Geschäfts, Dresden auf einige Tage zu
verlassen, und in diese seine Heimat zu reisen; ein Entschluss, an
welchem gleichwohl, wie wir nicht zweifeln, weniger das besagte
Geschäft, so dringend es auch in der Tat, wegen Bestellung der
Wintersaat, sein mochte, als die Absicht unter so sonderbaren und
bedenklichen Umständen seine Lage zu prüfen, Anteil hatte: zu
welchem vielleicht auch noch Gründe anderer Art mitwirkten,
die wir jedem, der in seiner Brust Bescheid weiß, zu erraten überlassen wollen. Demnach verfügte er sich, mit Zurücklassung der
Wache, die ihm zugeordnet war, zum Großkanzler, und eröffnete ihm, die Briefe des Amtmanns in der Hand: dass er willens sei,
falls man seiner, wie es den Anschein habe, bei dem Gericht nicht
notwendig bedürfe, die Stadt zu verlassen, und auf einen Zeitraum
von acht oder zwölf Tagen, binnen welcher Zeit er wieder zurück
zu sein versprach, nach dem Brandenburgischen zu reisen. Der
Großkanzler, indem er mit einem missvergnügten und bedenklichen Gesichte zur Erde sah, versetzte: er müsse gestehen, dass seine Anwesenheit grade jetzt notwendiger sei als jemals, indem das
Gericht wegen arglistiger und winkelziehender Einwendungen
der Gegenpart, seiner Aussagen und Erörterungen, in tausender-
lei nicht vorherzusehenden Fällen, bedürfe: doch da Kohlhaas ihn
auf seinen, von dem Rechtsfall wohl unterrichteten Advokaten

verwies, und mit bescheidener Zudringlichkeit, indem er sich auf
acht Tage einzuschränken versprach, auf seine Bitte beharrte, so
sagte der Großkanzler nach einer Pause kurz, indem er ihn entließ: „er hoffe, dass er sich deshalb Pässe, bei dem Prinzen Christiern von Meißen, ausbitten würde." – – Kohlhaas, der sich auf das
Gesicht des Großkanzlers gar wohl verstand, setzte sich, in seinem Entschluss nur bestärkt, auf der Stelle nieder, und bat, ohne
irgend einen Grund anzugeben, den Prinzen von Meißen, als Chef
des Guberniums, um Pässe auf acht Tage nach Kohlhaasenbrück,
und zurück. Auf dieses Schreiben erhielt er eine, von dem Schlosshauptmann, Freiherrn Siegfried von Wenk, unterzeichnete Gubernial-Resolution, des Inhalts: „sein Gesuch um Pässe nach
Kohlhaasenbrück werde des Kurfürsten Durchlaucht vorgelegt
werden, auf dessen höchster Bewilligung, sobald sie einginge, ihm
die Pässe zugeschickt werden würden." Auf die Erkundigung
Kohlhaasens bei seinem Advokaten, wie es zuginge, dass die Gubernial-Resolution von einem Freiherrn Siegfried von Wenk, und
nicht von dem Prinzen Christiern von Meißen, an den er sich ge-
wendet, unterschrieben sei, erhielt er zur Antwort: dass der Prinz
vor drei Tagen auf seine Güter gereist, und die Gubernialgeschäf-
te während seiner Abwesenheit dem Schlosshauptmann Freiherrn Siegfried von Wenk, einem Vetter des oben erwähnten Herren gleichen Namens, übergeben worden wären. – Kohlhaas, dem
das Herz unter allen diesen Umständen unruhig zu klopfen anfing, harrte durch mehrere Tage auf die Entscheidung seiner, der
Person des Landesherrn mit befremdender Weitläufigkeit vorge-
legten Bitte; doch es verging eine Woche, und es verging mehr, ohne dass weder diese Entscheidung einlief, noch auch das Rechtserkenntnis, so bestimmt man es ihm auch verkündigt hatte, bei dem
Tribunal gefällt ward: dergestalt, dass er am zwölften Tage, fest
entschlossen, die Gesinnung der Regierung gegen ihn, sie möge
sein, welche man wolle, zur Sprache zu bringen, sich niedersetzte,
und das Gubernium von neuem in einer dringenden Vorstellung
um die erforderten Pässe bat. Aber wie betreten war er, als er am
Abend des folgenden, gleichfalls ohne die erwartete Antwort ver-
strichenen Tages, mit einem Schritt, den er gedankenvoll, in Erwägung seiner Lage, und besonders der ihm von dem Doktor
Luther ausgewirkten Amnestie, an das Fenster seines Hinterstüb-
chens tat, in dem kleinen, auf dem Hofe befindlichen Nebenge-
bäude, das er ihr zum Aufenthalte angewiesen hatte, die Wache
nicht erblickte, die ihm bei seiner Ankunft der Prinz von Meißen
eingesetzt hatte. Thomas, der alte Hausmann, den er herbeirief
und fragte: was dies zu bedeuten habe? antwortete ihm seufzend:

Herr! es ist nicht alles wie es sein soll; die Landsknechte, deren
heute mehr sind wie gewöhnlich, haben sich bei Einbruch der
Nacht um das ganze Haus verteilt; zwei stehen, mit Schild und
Spieß, an der vordern Tür auf der Straße; zwei an der hintern im
Garten: und noch zwei andere liegen im Vorsaal auf ein Bund
Stroh, und sagen, dass sie daselbst schlafen würden. Kohlhaas, der
seine Farbe verlor, wandte sich und versetzte: „es wäre gleichviel,
wenn sie nur da wären; und er möchte den Landsknechten, sobald
er auf den Flur käme, Licht hinsetzen, damit sie sehen könnten."
Nachdem er noch, unter dem Vorwande, ein Geschirr auszu-
gießen, den vordern Fensterladen eröffnet und sich von der Wahrheit des Umstands, den ihm der Alte entdeckt, überzeugt hatte:
denn eben ward sogar in geräuschloser Ablösung die Wache er-
neuert, an welche Maßregel bisher, so lange die Einrichtung bestand, noch niemand gedacht hatte: so legte er sich, wenig schlaf-
lustig allerdings, zu Bette, und sein Entschluss war für den
kommenden Tag sogleich gefasst. Denn nichts missgönnte er der
Regierung, mit der er zu tun hatte, mehr, als den Schein der Gerechtigkeit, während sie in der Tat die Amnestie, die sie ihm angelobt hatte, an ihm brach; und falls er wirklich ein Gefangener sein
sollte, wie es keinem Zweifel mehr unterworfen war, wollte er
derselben auch die bestimmte und unumwundene Erklärung, dass
es so sei, abnötigen. Demnach ließ er, sobald der Morgen des
nächsten Tages anbrach, durch Sternbald, seinen Knecht, den Wagen anspannen und vorführen, um wie er vorgab, zu dem Verwalter nach Lockewitz zu fahren, der ihn, als ein alter Bekannter, einige Tage zuvor in Dresden gesprochen und eingeladen hatte, ihn
einmal mit seinen Kindern zu besuchen. Die Landsknechte, welche mit zusammengesteckten Köpfen, die dadurch veranlassten
Bewegungen im Hause wahrnahmen, schickten einen aus ihrer
Mitte heimlich in die Stadt, worauf binnen wenigen Minuten ein
Gubernial-Offiziant an der Spitze mehrerer Häscher erschien,
und sich, als ob er daselbst ein Geschäft hätte, in das gegenüberlie-
gende Haus begab. Kohlhaas der mit der Ankleidung seiner Knaben beschäftigt, diese Bewegungen gleichfalls bemerkte, und den
Wagen absichtlich länger, als eben nötig gewesen wäre, vor dem
Hause halten ließ, trat, sobald er die Anstalten der Polizei vollendet sah, mit seinen Kindern, ohne darauf Rücksicht zu nehmen,
vor das Haus hinaus; und während er dem Tross der Landsknechte, die unter der Tür standen, im Vorübergehen sagte, dass sie
nicht nötig hätten, ihm zu folgen, hob er die Jungen in den Wagen
und küsste und tröstete die kleinen weinenden Mädchen, die, seiner Anordnung gemäß, bei der Tochter des alten Hausmanns

zurückbleiben sollten. Kaum hatte er selbst den Wagen bestiegen,
als der Gubernial-Offiziant mit seinem Gefolge von Häschern,
aus dem gegenüberliegenden Hause, zu ihm herantrat, und ihn
fragte: wohin er wolle? Auf die Antwort Kohlhaasens: „dass er zu
seinem Freund, dem Amtmann nach Lockewitz fahren wolle, der   5
ihn vor einigen Tagen mit seinen beiden Knaben zu sich aufs Land
geladen", antwortete der Gubernial-Offiziant: dass er in diesem
Fall einige Augenblicke warten müsse, indem einige berittene
Landsknechte, dem Befehl des Prinzen von Meißen gemäß, ihn
begleiten würden. Kohlhaas fragte lächelnd von dem Wagen he-   10
rab: „ob er glaube, dass seine Person in dem Hause eines Freundes, der sich erboten, ihn auf einen Tag an seiner Tafel zu bewir-
ten, nicht sicher sei?" Der Offiziant erwiderte auf eine heitere und
angenehme Art: dass die Gefahr allerdings nicht groß sei; wobei er
hinzusetzte: dass ihm die Knechte auch auf keine Weise zur Last   15
fallen sollten. Kohlhaas versetzte ernsthaft: „dass ihm der Prinz
von Meißen, bei seiner Ankunft in Dresden, freigestellt, ob er sich
der Wache bedienen wolle oder nicht"; und da der Offiziant sich
über diesen Umstand wunderte, und sich mit vorsichtigen Wendungen auf den Gebrauch, während der ganzen Zeit seiner Anwe- 20
senheit, berief: so erzählte der Rosshändler ihm den Vorfall, der
die Einsetzung der Wache in seinem Hause veranlasst hatte. Der
Offiziant versicherte ihn, dass die Befehle des Schlosshaupt-
manns, Freiherrn von Wenk, der in diesem Augenblick Chef der
Polizei sei, ihm die unausgesetzte Beschützung seiner Person zur   25
Pflicht mache; und bat ihn, falls er sich die Begleitung nicht gefallen lassen wolle, selbst auf das Gubernium zu gehen, um den Irrtum, der dabei obwalten müsse, zu berichtigen. Kohlhaas, mit einem sprechenden Blick, den er auf den Offizianten warf, sagte,
entschlossen die Sache zu beugen oder zu brechen: „dass er dies   30
tun wolle"; stieg mit klopfendem Herzen von dem Wagen, ließ die
Kinder durch den Hausmann in den Flur tragen, und verfügte
sich, während der Knecht mit dem Fuhrwerk vor dem Hause halten blieb, mit dem Offizianten und seiner Wache in das Gubernium. Es traf sich, dass der Schlosshauptmann, Freiherr Wenk eben 35
mit der Besichtigung einer Bande, am Abend zuvor eingebrachter
Nagelschmidtscher Knechte, die man in der Gegend von Leipzig
aufgefangen hatte, beschäftigt war, und die Kerle über manche
Dinge, die man gern von ihnen gehört hätte, von den Rittern, die
bei ihm waren, befragt wurden, als der Rosshändler mit seiner Be- 40
gleitung zu ihm in den Saal trat. Der Freiherr, sobald er den Rosshändler erblickte, ging, während die Ritter plötzlich still wurden,
und mit dem Verhör der Knechte einhielten, auf ihn zu, und frag-

te ihn: was er wolle? und da der Rosskamm ihm auf ehrerbietige Weise sein Vorhaben, bei dem Verwalter in Lockewitz zu Mittag zu speisen, und den Wunsch, die Landsknechte deren er dabei nicht bedürfe zurücklassen zu dürfen, vorgetragen hatte, antwortete der Freiherr, die Farbe im Gesicht wechselnd, indem er eine andere Rede zu verschlucken schien: „er würde wohl tun, wenn er sich still in seinem Hause hielte, und den Schmaus bei dem Lockewitzer Amtmann vor der Hand noch aussetzte." – Dabei wandte er sich, das ganze Gespräch zerschneidend, dem Offizianten zu, und sagte ihm: „dass es mit dem Befehl, den er ihm, in Bezug auf den Mann gegeben, sein Bewenden hätte, und dass derselbe anders nicht, als in Begleitung sechs berittener Landsknechte die Stadt verlassen dürfe." – Kohlhaas fragte: ob er ein Gefangener wäre, und ob er glauben solle, dass die ihm feierlich, vor den Augen der ganzen Welt angelobte Amnestie gebrochen sei? worauf der Freiherr sich plötzlich glutrot im Gesichte zu ihm wandte, und, indem er dicht vor ihn trat, und ihm in das Auge sah, antwortete: ja! ja! ja! – ihm den Rücken zukehrte, ihn stehen ließ, und wieder zu den Nagelschmidtschen Knechten ging. Hierauf verließ Kohlhaas den Saal, und ob er schon einsah, dass er sich das einzige Rettungsmittel, das ihm übrig blieb, die Flucht, durch die Schritte die er getan, sehr erschwert hatte, so lobte er sein Verfahren gleichwohl, weil er sich nunmehr auch seinerseits von der Verbindlichkeit den Artikeln der Amnestie nachzukommen, befreit sah. Er ließ, da er zu Hause kam, die Pferde ausspannen, und begab sich, in Begleitung des Gubernial-Offizianten, sehr traurig und erschüttert in sein Zimmer; und während dieser Mann auf eine dem Rosshändler Ekel erregende Weise, versicherte, dass alles nur auf einem Missverständnis beruhen müsse, das sich in kurzem lösen würde, verriegelten die Häscher, auf seinen Wink, alle Ausgänge der Wohnung die auf den Hof führten; wobei der Offiziant ihm versicherte, dass ihm der vordere Haupteingang nach wie vor, zu seinem beliebigen Gebrauch offen stehe.

Inzwischen war der Nagelschmidt in den Wäldern des Erzgebirgs, durch Häscher und Landsknechte von allen Seiten so gedrängt worden, dass er bei dem gänzlichen Mangel an Hülfsmitteln, eine Rolle der Art, wie er sie übernommen, durchzuführen, auf den Gedanken verfiel, den Kohlhaas in der Tat ins Interesse zu ziehen; und da er von der Lage seines Rechtsstreits in Dresden durch einen Reisenden, der die Straße zog, mit ziemlicher Genauigkeit unterrichtet war: so glaubte er, der offenbaren Feindschaft, die unter ihnen bestand, zum Trotz, den Rosshändler bewegen zu können, eine neue Verbindung mit ihm einzugehen. Demnach

schickte er einen Knecht, mit einem, in kaum leserlichem Deutsch
abgefassten Schreiben an ihn ab, des Inhalts: „Wenn er nach dem
Altenburgischen kommen, und die Anführung des Haufens, der
sich daselbst, aus Resten des aufgelösten zusammengefunden,
wieder übernehmen wolle, so sei er erbötig, ihm zur Flucht aus
seiner Haft in Dresden mit Pferden, Leuten und Geld an die Hand
zu gehen; wobei er ihm versprach, künftig gehorsamer und überhaupt ordentlicher und besser zu sein, als vorher, und sich zum
Beweis seiner Treue und Anhänglichkeit anheischig machte,
selbst in die Gegend von Dresden zu kommen, um seine Befreiung aus seinem Kerker zu bewirken." Nun hatte der, mit diesem
Brief beauftragte Kerl das Unglück, in einem Dorf dicht vor Dresden, in Krämpfen hässlicher Art, denen er von Jugend auf unterworfen war, niederzusinken; bei welcher Gelegenheit der Brief,
den er im Brustlatz trug, von Leuten die ihm zu Hülfe kamen, gefunden, er selbst aber, sobald er sich erholt, arretiert, und durch eine Wache unter Begleitung vielen Volks, auf das Gubernium
transportiert ward. Sobald der Schlosshauptmann von Wenk diesen Brief gelesen hatte, verfügte er sich unverzüglich zum Kurfürsten aufs Schloss, wo er die Herren Kunz und Hinz, welcher Erste-
rer von seinen Wunden wieder hergestellt war, und den Präsidenten der Staatskanzelei, Grafen Kallheim, gegenwärtig fand. Die
Herren waren der Meinung, dass der Kohlhaas ohne weiteres arretiert, und ihm, auf den Grund geheimer Einverständnisse mit
dem Nagelschmidt, der Prozess gemacht werden müsse; indem sie
bewiesen, dass ein solcher Brief nicht, ohne dass frühere auch von
Seiten des Rosshändlers vorangegangen, und ohne dass überhaupt
eine frevelhafte und verbrecherische Verbindung, zu Schmiedung
neuer Gräuel, unter ihnen stattfinden sollte, geschrieben sein könne. Der Kurfürst weigerte sich standhaft, auf den Grund bloß dieses Briefes, dem Kohlhaas das freie Geleit, das er ihm angelobt, zu
brechen; er war vielmehr der Meinung, dass eine Art von Wahrscheinlichkeit aus dem Briefe des Nagelschmidt hervorgehe, dass
keine frühere Verbindung zwischen ihnen stattgefunden habe;
und alles, wozu er sich, um hierüber aufs Reine zu kommen, auf
den Vorschlag des Präsidenten, obschon nach großer Zögerung
entschloss, war, den Brief durch den von dem Nagelschmidt abgeschickten Knecht, gleichsam als ob derselbe nach wie vor frei
sei, an ihn abgeben zu lassen, und zu prüfen, ob er ihn beantwor-
ten würde. Demgemäß ward der Knecht, den man in ein Gefängnis gesteckt hatte, am andern Morgen auf das Gubernium geführt,
wo der Schlosshauptmann ihm den Brief wieder zustellte, und ihn
unter dem Versprechen, dass er frei sein, und die Strafe die er ver-

wirkt, ihm erlassen sein solle, aufforderte, das Schreiben, als sei
nichts vorgefallen, dem Rosshändler zu übergeben; zu welcher
List schlechter Art sich dieser Kerl auch ohne weiteres gebrauchen ließ, und auf scheinbar geheimnisvolle Weise, unter dem
Vorwand, dass er Krebse zu verkaufen habe, womit ihn der Gubernial-Offiziant, auf dem Markte, versorgt hatte, zu Kohlhaas
ins Zimmer trat. Kohlhaas, der den Brief, während die Kinder mit
den Krebsen spielten, las, würde den Gauner gewiss unter andern
Umständen beim Kragen genommen, und den Landsknechten,
die vor seiner Tür standen, überliefert haben; doch da bei der
Stimmung der Gemüter auch selbst dieser Schritt noch einer
gleichgültigen Auslegung fähig war, und er sich vollkommen
überzeugt hatte, dass nichts auf der Welt ihn aus dem Handel, in
dem er verwickelt war, retten konnte: so sah er dem Kerl, mit einem traurigen Blick, in sein ihm wohl bekanntes Gesicht, fragte
ihn, wo er wohnte, und beschied ihn, in einigen Stunden, wieder zu
sich, wo er ihm, in Bezug auf seinen Herrn, seinen Beschluss eröffnen wolle. Er hieß dem Sternbald, der zufällig in die Tür trat, dem
Mann, der im Zimmer war, etliche Krebse abkaufen; und nachdem
dies Geschäft abgemacht war, und beide sich ohne einander zu
kennen, entfernt hatten, setzte er sich nieder und schrieb einen
Brief folgenden Inhalts an den Nagelschmidt: „Zuvörderst dass er
seinen Vorschlag, die Oberanführung seines Haufens im Altenburgischen betreffend, annähme; dass er demgemäß, zur Befreiung
aus der vorläufigen Haft, in welcher er, mit seinen fünf Kindern
gehalten werde, ihm einen Wagen mit zwei Pferden nach der Neustadt bei Dresden schicken solle; dass er auch, rascheren Fort-
kommens wegen, noch eines Gespannes von zwei Pferden auf der
Straße nach Wittenberg bedürfe, auf welchem Umweg er allein,
aus Gründen, die anzugeben zu weitläufig wären, zu ihm kommen könne; dass er die Landsknechte, die ihn bewachten, zwar
durch Bestechung gewinnen zu können glaube, für den Fall aber
dass Gewalt nötig sei, ein paar beherzte, gescheute und wohl bewaffnete Knechte, in der Neustadt bei Dresden gegenwärtig wissen wolle; dass er ihm zur Bestreitung der mit allen diesen Anstalten verbundenen Kosten, eine Rolle von zwanzig Goldkronen
durch den Knecht zuschicke, über deren Verwendung er sich,
nach abgemachter Sache, mit ihm berechnen wolle; dass er sich
übrigens, weil sie unnötig sei, seine eigne Anwesenheit bei seiner
Befreiung in Dresden verbitte, ja ihm vielmehr den bestimmten
Befehl erteile, zur einstweiligen Anführung der Bande, die nicht
ohne Oberhaupt sein könne, im Altenburgischen zurückzubleiben." – Diesen Brief, als der Knecht gegen Abend kam, überliefer-

61

te er ihm; beschenkte ihn selbst reichlich, und schärfte ihm ein, denselben wohl in Acht zu nehmen. – Seine Absicht war mit seinen fünf Kindern nach Hamburg zu gehen, und sich von dort nach der Levante oder nach Ostindien, oder so weit der Himmel über andere Menschen, als die er kannte, blau war, einzuschiffen: denn die Dickfütterung der Rappen hatte seine, von Gram sehr gebeugte Seele auch unabhängig von dem Widerwillen, mit dem Nagelschmidt deshalb gemeinschaftliche Sache zu machen, aufgegeben. – Kaum hatte der Kerl diese Antwort dem Schlosshauptmann überbracht, als der Großkanzler abgesetzt, der Präsident, Graf Kallheim, an dessen Stelle, zum Chef des Tribunals ernannt, und Kohlhaas, durch einen Kabinettsbefehl des Kurfürsten arretiert, und schwer mit Ketten beladen in die Stadttürme gebracht ward. Man machte ihm auf den Grund dieses Briefes, der an alle Ecken der Stadt angeschlagen ward, den Prozess; und da er vor den Schranken des Tribunals auf die Frage, ob er die Handschrift anerkenne, dem Rat, der sie ihm vorhielt, antwortete: „ja!" zur Antwort aber auf die Frage, ob er zu seiner Verteidigung etwas vorzubringen wisse, indem er den Blick zur Erde schlug, erwiderte, „nein!" so ward er verurteilt, mit glühenden Zangen von Schinderknechten gekniffen, geviertteilt, und sein Körper, zwischen Rad und Galgen, verbrannt zu werden.

So standen die Sachen für den armen Kohlhaas in Dresden, als der Kurfürst von Brandenburg zu seiner Rettung aus den Händen der Übermacht und Willkür auftrat, und ihn, in einer bei der kurfürstlichen Staatskanzlei daselbst eingereichten Note, als brandenburgischen Untertan reklamierte. Denn der wackere Stadthauptmann, Herr Heinrich von Geusau, hatte ihn, auf einem Spaziergange an den Ufern der Spree, von der Geschichte dieses sonderbaren und nicht verwerflichen Mannes unterrichtet, bei welcher Gelegenheit er von den Fragen des erstaunten Herrn gedrängt, nicht umhin konnte, der Schuld zu erwähnen, die durch die Unziemlichkeiten seines Erzkanzlers, des Grafen Siegfried von Kallheim, seine eigene Person drückte: worüber der Kurfürst schwer entrüstet, den Erzkanzler, nachdem er ihn zur Rede gestellt und befunden, dass die Verwandtschaft desselben mit dem Hause derer von Tronka an allem schuld sei, ohne weiteres, mit mehreren Zeichen seiner Ungnade entsetzte, und den Herrn Heinrich von Geusau zum Erzkanzler ernannte.

Es traf sich aber, dass die Krone Polen grade damals, indem sie mit dem Hause Sachsen, um welchen Gegenstandes willen wissen wir nicht, im Streit lag, den Kurfürsten von Brandenburg, in wiederholten und dringenden Vorstellungen anging, sich mit ihr in

gemeinschaftlicher Sache gegen das Haus Sachsen zu verbinden;
dergestalt, dass der Erzkanzler, Herr Geusau, der in solchen Dingen nicht ungeschickt war, wohl hoffen durfte, den Wunsch seines Herrn, dem Kohlhaas, es koste was es wolle, Gerechtigkeit zu
verschaffen, zu erfüllen, ohne die Ruhe des Ganzen auf eine miss-
lichere Art, als die Rücksicht auf einen Einzelnen erlaubt, aufs
Spiel zu setzen. Demnach forderte der Erzkanzler nicht nur wegen gänzlich willkürlichen, Gott und Menschen missgefälligen
Verfahrens, die unbedingte und ungesäumte Auslieferung des
Kohlhaas, um denselben, falls ihn eine Schuld drücke, nach brandenburgischen Gesetzen, auf Klageartikel, die der Dresdner Hof
deshalb durch einen Anwalt in Berlin anhängig machen könne, zu
richten; sondern er begehrte sogar selbst Pässe für einen Anwalt,
den der Kurfürst nach Dresden zu schicken willens sei, um dem
Kohlhaas, wegen der ihm auf sächsischem Grund und Boden ab-
genommenen Rappen und anderer himmelschreienden Miss-
handlungen und Gewalttaten halber, gegen den Junker Wenzel
von Tronka, Recht zu verschaffen. Der Kämmerer, Herr Kunz,
der bei der Veränderung der Staatsämter in Sachsen zum Präsidenten der Staatskanzlei ernannt worden war, und der aus mancherlei Gründen den Berliner Hof, in der Bedrängnis in der er sich
befand, nicht verletzen wollte, antwortete im Namen seines über
die eingegangene Note sehr niedergeschlagenen Herrn; „dass man
sich über die Unfreundschaftlichkeit und Unbilligkeit wundere,
mit welcher man dem Hofe zu Dresden das Recht abspräche, den
Kohlhaas wegen Verbrechen, die er im Lande begangen, den Gesetzen gemäß zu richten, da doch weltbekannt sei, dass derselbe
ein beträchtliches Grundstück in der Hauptstadt besitze, und sich
selbst in der Qualität als sächsischen Bürger gar nicht verleugne."
Doch da die Krone Polen bereits zur Ausfechtung ihrer An-
sprüche einen Heerhaufen von fünftausend Mann an der Grenze
von Sachsen zusammenzog, und der Erzkanzler, Herr Heinrich
von Geusau, erklärte: „dass Kohlhaasenbrück, der Ort, nach welchem der Rosshändler heiße, im Brandenburgischen liege, und
dass man die Vollstreckung des über ihn ausgesprochenen Todesurteils für eine Verletzung des Völkerrechts halten würde": so
rief der Kurfürst, auf den Rat des Kämmerers, Herrn Kunz selbst,
der sich aus diesem Handel zurückzuziehen wünschte, den Prinzen Christiern von Meißen von seinen Gütern herbei, und entschloss sich, auf wenige Worte dieses verständigen Herrn, den
Kohlhaas, der Forderung gemäß, an den Berliner Hof auszuliefern. Der Prinz, der obschon mit den Unziemlichkeiten die vorgefallen waren, wenig zufrieden, die Leitung der Kohlhaasischen

63

Sache auf den Wunsch seines bedrängten Herrn, übernehmen
musste, fragte ihn, auf welchen Grund er nunmehr den Rosshändler bei dem Kammergericht zu Berlin verklagt wissen wolle; und
da man sich auf den leidigen Brief desselben an den Nagelschmidt,
wegen der zweideutigen und unklaren Umstände, unter welchen
er geschrieben war, nicht berufen konnte, der früheren Plünde-
rungen und Einäscherungen aber, wegen des Plakats, worin sie
ihm vergeben worden waren, nicht erwähnen durfte: so beschloss
der Kurfürst, der Majestät des Kaisers zu Wien einen Bericht über
den bewaffneten Einfall des Kohlhaas in Sachsen vorzulegen, sich
über den Bruch des von ihm eingesetzten öffentlichen Landfriedens zu beschweren, und sie, die allerdings durch keine Amnestie
gebunden war, anzuliegen, den Kohlhaas bei dem Hofgericht zu
Berlin deshalb durch einen Reichsankläger zur Rechenschaft zu
ziehen. Acht Tage darauf ward der Rosskamm durch den Ritter
Friedrich von Malzahn, den der Kurfürst von Brandenburg mit
sechs Reutern nach Dresden geschickt hatte, geschlossen wie er
war, auf einen Wagen geladen, und mit seinen fünf Kindern, die
man auf seine Bitte aus Findel- und Waisenhäusern wieder zu-
sammengesucht hatte, nach Berlin transportiert. Es traf sich, dass
der Kurfürst von Sachsen auf die Einladung des Landdrosts, Grafen Aloysius von Kallheim, der damals an der Grenze von Sachsen
beträchtliche Besitzungen hatte, in Gesellschaft des Kämmerers,
Herrn Kunz, und seiner Gemahlin, der Dame Heloise, Tochter
des Landdrosts und Schwester des Präsidenten, andrer glänzenden Herren und Damen, Jagdjunker und Hofherren, die dabei
waren, nicht zu erwähnen, zu einem großen Hirschjagen, das
man, um ihn zu erheitern, angestellt hatte, nach Dahme gereist
war; dergestalt, dass unter dem Dach bewimpelter Zelte, die quer
über die Straße auf einem Hügel erbaut waren, die ganze Gesellschaft vom Staub der Jagd noch bedeckt unter dem Schall einer
heitern vom Stamm einer Eiche herschallenden Musik, von Pagen
bedient und Edelknaben, an der Tafel saß, als der Rosshändler
langsam mit seiner Reuterbedeckung die Straße von Dresden da-
hergezogen kam. Denn die Erkrankung eines der kleinen, zarten
Kinder des Kohlhaas, hatte den Ritter von Malzahn, der ihn be-
gleitete, genötigt, drei Tage lang in Herzberg zurückzubleiben;
von welcher Maßregel er, dem Fürsten dem er diente deshalb allein verantwortlich, nicht nötig befunden hatte, der Regierung zu
Dresden weitere Kenntnis zu geben. Der Kurfürst, der mit halb
offener Brust, den Federhut, nach Art der Jäger, mit Tannenzwei-
gen geschmückt, neben der Dame Heloise saß, die, in Zeiten
früherer Jugend, seine erste Liebe gewesen war, sagte von der An-

mut des Festes, das ihn umgaukelte, heiter gestimmt: „Lasset uns hingehen, und dem Unglücklichen, wer es auch sei, diesen Becher mit Wein reichen!" Die Dame Heloise, mit einem herzlichen Blick auf ihn, stand sogleich auf, und füllte, die ganze Tafel plündernd, ein silbernes Geschirr, das ihr ein Page reichte, mit Früchten, Kuchen und Brot an; und schon hatte, mit Erquickungen jeglicher Art, die ganze Gesellschaft wimmelnd das Zelt verlassen, als der Landdrost ihnen mit einem verlegenen Gesicht entgegenkam, und sie bat zurückzubleiben. Auf die betretene Frage des Kurfürsten was vorgefallen wäre, dass er so bestürzt sei? antwortete der Landdrost stotternd gegen den Kämmerer gewandt, dass der Kohlhaas im Wagen sei; auf welche jedermann unbegreifliche Nachricht, indem weltbekannt war, dass derselbe bereits vor sechs Tagen abgereist war, der Kämmerer, Herr Kunz, seinen Becher mit Wein nahm, und ihn, mit einer Rückwendung gegen das Zelt, in den Sand schüttete. Der Kurfürst setzte, über und über rot, den seinigen auf einen Teller, den ihm ein Edelknabe auf den Wink des Kämmerers zu diesem Zweck vorhielt; und während der Ritter Friedrich von Malzahn, unter ehrfurchtsvoller Begrüßung der Gesellschaft, die er nicht kannte, langsam durch die Zeltleinen, die über die Straße liefen, nach Dahme weiterzog, begaben sich die Herrschaften, auf die Einladung des Landdrosts, ohne weiter davon Notiz zu nehmen, ins Zelt zurück. Der Landdrost, sobald sich der Kurfürst niedergelassen hatte, schickte unter der Hand nach Dahme, um bei dem Magistrat daselbst die unmittelbare Weiterschaffung des Rosshändlers bewirken zu lassen; doch da der Ritter, wegen bereits zu weit vorgerückter Tageszeit, bestimmt in dem Ort übernachten zu wollen erklärte, so musste man sich begnügen, ihn in einer dem Magistrat zugehörigen Meierei, die, in Gebüschen versteckt, auf der Seite lag, geräuschlos unterzubringen. Nun begab es sich, dass gegen Abend, da die Herrschaften vom Wein und dem Genuss eines üppigen Nachtisches zerstreut, den ganzen Vorfall wieder vergessen hatten, der Landdrost den Gedanken auf die Bahn brachte, sich noch einmal, eines Rudels Hirsche wegen, der sich hatte blicken lassen, auf den Anstand zu stellen; welchen Vorschlag die ganze Gesellschaft mit Freuden ergriff, und paarweise nachdem sie sich mit Büchsen versorgt, über Gräben und Hecken in die nahe Forst eilte: dergestalt, dass der Kurfürst und die Dame Heloise, die sich, um dem Schauspiel beizuwohnen, an seinen Arm hing, von einem Boten, den man ihnen zugeordnet hatte, unmittelbar, zu ihrem Erstaunen, durch den Hof des Hauses geführt wurden, in welchem Kohlhaas mit den brandenburgischen Reutern befindlich war. Die Dame als

sie dies hörte, sagte: „kommt, gnädigster Herr, kommt!", und ver-
steckte die Kette, die ihm vom Halse herabhing, schäkernd in seinen seidenen Brustlatz: „lasst uns ehe der Tross nachkömmt in die
Meierei schleichen, und den wunderlichen Mann, der darin über-
nachtet, betrachten!" Der Kurfürst, indem er errötend ihre Hand
ergriff, sagte: Heloise! was fällt Euch ein? Doch da sie, indem sie
ihn betreten ansah, versetzte: „dass ihn ja in der Jägertracht, die
ihn decke, kein Mensch erkenne!", und ihn fortzog; und in eben
diesem Augenblick ein paar Jagdjunker, die ihre Neugierde schon
befriedigt hatten, aus dem Hause heraustraten, versichernd, dass
in der Tat, vermöge einer Veranstaltung, die der Landdrost getroffen, weder der Ritter noch der Rosshändler wisse, welche Gesellschaft in der Gegend von Dahme versammelt sei; so drückte
der Kurfürst sich den Hut lächelnd in die Augen, und sagte: „Tor-
heit, du regierst die Welt, und dein Sitz ist ein schöner weiblicher
Mund!" – Es traf sich dass Kohlhaas eben mit dem Rücken gegen
die Wand auf einem Bund Stroh saß, und sein, ihm in Herzberg er-
kranktes Kind mit Semmel und Milch fütterte, als die Herrschaften, um ihn zu besuchen, in die Meierei traten; und da die Dame
ihn, um ein Gespräch einzuleiten, fragte: wer er sei? und was dem
Kinde fehle? auch was er verbrochen und wohin man ihn unter
solcher Bedeckung abführe? so rückte er seine lederne Mütze vor
ihr, und gab ihr auf alle diese Fragen, indem er sein Geschäft fort-
setzte, unreichliche aber befriedigende Antwort. Der Kurfürst,
der hinter den Jagdjunkern stand, und eine kleine bleierne Kapsel,
die ihm an einem seidenen Faden vom Hals herabhing, bemerkte,
fragte ihn, da sich grade nichts Besseres zur Unterhaltung darbot:
was diese zu bedeuten hätte und was darin befindlich wäre? Kohlhaas erwiderte: „ja, gestrenger Herr, diese Kapsel!" – und damit
streifte er sie vom Nacken ab, öffnete sie und nahm einen kleinen
mit Mundlack versiegelten Zettel heraus – „mit dieser Kapsel hat
es eine wunderliche Bewandtnis! Sieben Monden mögen es etwa
sein, genau am Tage nach dem Begräbnis meiner Frau; und von
Kohlhaasenbrück, wie Euch vielleicht bekannt sein wird, war ich
aufgebrochen, um des Junkers von Tronka, der mir viel Unrecht
zugefügt, habhaft zu werden, als um einer Verhandlung willen,
die mir unbekannt ist, der Kurfürst von Sachsen und der Kurfürst
von Brandenburg in Jüterbock, einem Marktflecken, durch den
der Streifzug mich führte, eine Zusammenkunft hielten; und da sie
sich gegen Abend ihren Wünschen gemäß vereinigt hatten, so gingen sie, in freundschaftlichem Gespräch, durch die Straßen der
Stadt, um den Jahrmarkt, der eben darin fröhlich abgehalten ward,
in Augenschein zu nehmen. Da trafen sie auf eine Zigeunerin, die,

auf einem Schemel sitzend, dem Volk, das sie umringte, aus dem
Kalender wahrsagte, und fragten sie scherzhafter Weise: ob sie ihnen nicht auch etwas, das ihnen lieb wäre, zu eröffnen hätte? Ich,
der mit meinem Haufen eben in einem Wirtshause abgestiegen,
und auf dem Platz, wo dieser Vorfall sich zutrug, gegenwärtig
war, konnte hinter allem Volk, am Eingang einer Kirche, wo ich
stand, nicht vernehmen, was die wunderliche Frau den Herren
sagte; dergestalt, dass, da die Leute lachend einander zuflüsterten,
sie teile nicht jedermann ihre Wissenschaft mit, und sich des
Schauspiels wegen das sich bereitete, sehr bedrängten, ich, weniger neugierig, in der Tat, als um den Neugierigen Platz zu machen,
auf eine Bank stieg, die hinter mir im Kircheneingange ausgehauen
war. Kaum hatte ich von diesem Standpunkt aus, mit völliger
Freiheit der Aussicht, die Herrschaften und das Weib, das auf dem
Schemel vor ihnen saß und etwas aufzukritzeln schien, erblickt:
da steht sie plötzlich auf ihre Krücken gelehnt, indem sie sich im
Volk umsieht, auf; fasst mich, der nie ein Wort mit ihr wechselte,
noch ihrer Wissenschaft Zeit seines Lebens begehrte, ins Auge;
drängt sich durch den ganzen dichten Auflauf der Menschen zu
mir heran und spricht: ,da! wenn es der Herr wissen will, so mag
er dich danach fragen!' Und damit, gestrenger Herr, reichte sie
mir mit ihren dürren knöchernen Händen diesen Zettel dar. Und
da ich betreten, während sich alles Volk zu mir umwendet, spreche: Mütterchen, was auch verehrst du mir da? antwortete sie,
nach vielem unvernehmlichen Zeug, worunter ich jedoch zu meinem großen Befremden meinen Namen höre: ,ein Amulett, Kohlhaas, der Rosshändler; verwahr es wohl, es wird dir dereinst das
Leben retten!' und verschwindet. – Nun!", fuhr Kohlhaas gut-
mütig fort: „die Wahrheit zu gestehen, hats mir in Dresden, so
scharf es herging, das Leben nicht gekostet; und wie es mir in Berlin gehen wird, und ob ich auch dort damit bestehen werde, soll
die Zukunft lehren." – Bei diesen Worten setzte sich der Kurfürst
auf eine Bank; und ob er schon auf die betretne Frage der Dame:
was ihm fehle? antwortete: nichts, gar nichts! so fiel er doch schon
ohnmächtig auf den Boden nieder, ehe sie noch Zeit hatte ihm beizuspringen, und in ihre Arme aufzunehmen. Der Ritter von Malzahn, der in eben diesem Augenblick, eines Geschäfts halber, ins
Zimmer trat, sprach: heiliger Gott! was fehlt dem Herrn? Die Dame rief: schafft Wasser her! Die Jagdjunker hoben ihn auf und tru-
gen ihn auf ein im Nebenzimmer befindliches Bett; und die Bestürzung erreichte ihren Gipfel, als der Kämmerer, den ein Page
herbeirief, nach mehreren vergeblichen Bemühungen, ihn ins Leben zurückzubringen, erklärte: er gebe alle Zeichen von sich, als

ob ihn der Schlag gerührt! Der Landdrost, während der Mundschenk einen reitenden Boten nach Luckau schickte, um einen
Arzt herbeizuholen, ließ ihn, da er die Augen aufschlug, in einen
Wagen bringen, und Schritt vor Schritt nach seinem in der Gegend
befindlichen Jagdschloss abführen; aber diese Reise zog ihm, nach
seiner Ankunft daselbst, zwei neue Ohnmachten zu: dergestalt,
dass er sich erst spät am andern Morgen, bei der Ankunft des Arz-
tes aus Luckau, unter gleichwohl entscheidenden Symptomen eines herannahenden Nervenfiebers, einigermaßen erholte. Sobald
er seiner Sinne mächtig geworden war, richtete er sich halb im
Bette auf, und seine erste Frage war gleich: wo der Kohlhaas sei?
Der Kämmerer, der seine Frage missverstand, sagte, indem er seine Hand ergriff: dass er sich dieses entsetzlichen Menschen wegen
beruhigen möchte, indem derselbe, seiner Bestimmung gemäß,
nach jenem sonderbaren und unbegreiflichen Vorfall, in der
Meierei zu Dahme, unter brandenburgischer Bedeckung, zurückgeblieben wäre. Er fragte ihn, unter der Versicherung seiner leb-
haftesten Teilnahme und der Beteurung, dass er seiner Frau, wegen des unverantwortlichen Leichtsinns, ihn mit diesem Mann
zusammenzubringen, die bittersten Vorwürfe gemacht hätte: was
ihn denn so wunderbar und ungeheuer in der Unterredung mit
demselben ergriffen hätte? Der Kurfürst sagte: er müsse ihm nur
gestehen, dass der Anblick eines nichtigen Zettels, den der Mann
in einer bleiernen Kapsel mit sich führe, schuld an dem ganzen unangenehmen Zufall sei, der ihm zugestoßen. Er setzte noch mancherlei zur Erklärung dieses Umstands, das der Kämmerer nicht
verstand, hinzu; versicherte ihn plötzlich, indem er seine Hand
zwischen die seinigen drückte, dass ihm der Besitz dieses Zettels
von der äußersten Wichtigkeit sei; und bat ihn, unverzüglich auf-
zusitzen, nach Dahme zu reiten, und ihm den Zettel, um welchen
Preis es immer sei, von demselben zu erhandeln. Der Kämmerer,
der Mühe hatte, seine Verlegenheit zu verbergen, versicherte ihn:
dass, falls dieser Zettel einigen Wert für ihn hätte, nichts auf der
Welt notwendiger wäre, als dem Kohlhaas diesen Umstand zu
verschweigen; indem, sobald derselbe durch eine unvorsichtige
Äußerung Kenntnis davon nähme, alle Reichtümer, die er besäße,
nicht hinreichen würden, ihn aus den Händen dieses grimmigen,
in seiner Rachsucht unersättlichen Kerls zu erkaufen. Er fügte,
um ihn zu beruhigen, hinzu, dass man auf ein anderes Mittel den-
ken müsse, und dass es vielleicht durch List, vermöge eines Dritten ganz Unbefangenen, indem der Bösewicht wahrscheinlich, an
und für sich, nicht sehr daran hänge, möglich sein würde, sich den
Besitz des Zettels, an dem ihm so viel gelegen sei, zu verschaffen.

Der Kurfürst, indem er sich den Schweiß abtrocknete, fragte: ob man nicht unmittelbar zu diesem Zweck nach Dahme schicken, und den weiteren Transport des Rosshändlers, vorläufig, bis man des Blattes, auf welche Weise es sei, habhaft geworden, einstellen könne? Der Kämmerer, der seinen Sinnen nicht traute, versetzte: dass leider allen wahrscheinlichen Berechnungen zufolge, der Rosshändler Dahme bereits verlassen haben, und sich jenseits der Grenze, auf brandenburgischem Grund und Boden befinden müsse, wo das Unternehmen, die Fortschaffung desselben zu hemmen, oder wohl gar rückgängig zu machen, die unangenehmsten und weitläuftigsten, ja solche Schwierigkeiten, die vielleicht gar nicht zu beseitigen wären, veranlassen würde. Er fragte ihn, da der Kurfürst sich schweigend, mit der Gebärde eines ganz Hoffnungslosen, auf das Kissen zurücklegte: was denn der Zettel enthalte? und durch welchen Zufall befremdlicher und unerklärlicher Art ihm, dass der Inhalt ihn betreffe, bekannt sei? Hierauf aber, unter zweideutigen Blicken auf den Kämmerer, dessen Willfährigkeit er in diesem Falle misstraute, antwortete der Kurfürst nicht: starr, mit unruhig klopfendem Herzen lag er da, und sah auf die Spitze des Schnupftuchs nieder, das er gedankenvoll zwischen den Händen hielt; und bat ihn plötzlich, den Jagdjunker vom Stein, einen jungen, rüstigen und gewandten Herrn, dessen er sich öfter schon zu geheimen Geschäften bedient hatte, unter dem Vorwand, dass er ein anderweitiges Geschäft mit ihm abzumachen habe, ins Zimmer zu rufen. Den Jagdjunker, nachdem er ihm die Sache auseinander gelegt, und von der Wichtigkeit des Zettels, in dessen Besitz der Kohlhaas war, unterrichtet hatte, fragte er, ob er sich ein ewiges Recht auf seine Freundschaft erwerben, und ihm den Zettel, noch ehe derselbe Berlin erreicht, verschaffen wolle? und da der Junker, sobald er das Verhältnis nur, sonderbar wie es war, einigermaßen überschaute, versicherte, dass er ihm mit allen seinen Kräften zu Diensten stehe: so trug ihm der Kurfürst auf, dem Kohlhaas nachzureiten, und ihm, da demselben mit Geld wahrscheinlich nicht beizukommen sei, in einer mit Klugheit angeordneten Unterredung, Freiheit und Leben dafür anzubieten, ja ihm, wenn er darauf bestehe, unmittelbar, obschon mit Vorsicht, zur Flucht aus den Händen der brandenburgischen Reuter, die ihn transportierten, mit Pferden, Leuten und Geld an die Hand zu gehen. Der Jagdjunker, nachdem er sich ein Blatt von der Hand des Kurfürsten zur Beglaubigung ausgebeten, brach auch sogleich mit einigen Knechten auf, und hatte, da er den Odem der Pferde nicht sparte, das Glück, den Kohlhaas auf einem Grenzdorf zu treffen, wo derselbe mit dem Ritter von Malzahn und seinen fünf

Kindern ein Mittagsmahl, das im Freien vor der Tür eines Hauses angerichtet war, zu sich nahm. Der Ritter von Malzahn, dem der Junker sich als einen Fremden, der bei seiner Durchreise den seltsamen Mann, den er mit sich führe, in Augenschein zu nehmen wünsche, vorstellte, nötigte ihn sogleich auf zuvorkommende Art, indem er ihn mit dem Kohlhaas bekannt machte, an der Tafel nieder; und da der Ritter in Geschäften der Abreise ab und zu ging, die Reuter aber an einem, auf des Hauses anderer Seite befindlichen Tisch, ihre Mahlzeit hielten: so traf sich die Gelegenheit bald, wo der Junker dem Rosshändler eröffnen konnte, wer er sei, und in welchen besonderen Aufträgen er zu ihm komme. Der Rosshändler, der bereits Rang und Namen dessen, der beim Anblick der in Rede stehenden Kapsel, in der Meierei zu Dahme in Ohnmacht gefallen war, kannte, und der zur Krönung des Taumels, in welchen ihn diese Entdeckung versetzt hatte, nichts bedurfte, als Einsicht in die Geheimnisse des Zettels, den er, um mancherlei Gründe willen, entschlossen war, aus bloßer Neugierde nicht zu eröffnen: der Rosshändler sagte, eingedenk der unedelmütigen und unfürstlichen Behandlung, die er in Dresden, bei seiner gänzlichen Bereitwilligkeit, alle nur möglichen Opfer zu bringen, hatte erfahren müssen: „dass er den Zettel behalten wolle." Auf die Frage des Jagdjunkers: was ihn zu dieser sonderbaren Weigerung, da man ihm doch nichts Minderes, als Freiheit und Leben dafür anbiete, veranlasse? antwortete Kohlhaas: „Edler Herr! Wenn Euer Landesherr käme, und spräche, ich will mich, mit dem ganzen Tross derer, die mir das Szepter führen helfen, vernichten – vernichten, versteht Ihr, welches allerdings der größeste Wunsch ist, den meine Seele hegt: so würde ich ihm doch den Zettel noch, der ihm mehr wert ist, als das Dasein, verweigern und sprechen: du kannst mich auf das Schafott bringen, ich aber kann dir weh tun, und ich wills!" Und damit, im Antlitz den Tod, rief er einen Reuter herbei, unter der Aufforderung, ein gutes Stück Essen, das in der Schüssel übrig geblieben war, zu sich zu nehmen; und für den ganzen Rest der Stunde, die er im Flecken zubrachte, für den Junker, der an der Tafel saß, wie nicht vorhanden, wandte er sich erst wieder, als er den Wagen bestieg, mit einem Blick, der ihn abschiedlich grüßte, zu ihm zurück. – Der Zustand des Kurfürsten, als er diese Nachricht bekam, verschlimmerte sich in dem Grade, dass der Arzt, während drei verhängnisvoller Tage, seines Lebens wegen, das zu gleicher Zeit, von so vielen Seiten angegriffen ward, in der größesten Besorgnis war. Gleichwohl stellte er sich, durch die Kraft seiner natürlichen Gesundheit, nach dem Krankenlager einiger peinlich zugebrachten Wochen wieder her; dergestalt wenigstens, dass man ihn in einen Wagen bringen, und mit Kissen und Decken wohl versehen, nach Dresden zu seinen Regierungsgeschäften wieder zurückführen konnte. Sobald er in dieser Stadt angekommen war, ließ er den Prinzen Christiern von Meißen rufen, und fragte denselben: wie es mit der Abfertigung des Gerichtsrats Eibenmayer stünde, den man, als Anwalt in der Sache des Kohlhaas, nach Wien zu schicken gesonnen gewesen wäre, um kaiserlicher Majestät daselbst die Beschwerde wegen gebrochenen, kaiserlichen Landfriedens, vorzulegen? Der Prinz antwortete ihm: dass derselbe, dem, bei seiner Abreise nach Dahme hinterlassenen Befehl gemäß, gleich nach Ankunft des Rechtsgelehrten Zäuner, den der Kurfürst von Brandenburg als Anwalt nach Dresden geschickt hätte, um die Klage desselben, gegen den Junker Wenzel von Tronka, der Rappen wegen, vor Gericht zu bringen, nach Wien abgegangen wäre. Der Kurfürst, indem er errötend an seinen Arbeitstisch trat, wunderte sich über diese Eilfertigkeit, indem er seines Wissens erklärt hätte, die definitive Abreise des Eibenmayer, wegen vorher notwendiger Rücksprache mit dem Doktor Luther, der dem Kohlhaas die Amnestie ausgewirkt, einem näheren und bestimmteren Befehl vorbehalten zu wollen. Dabei warf er einige Briefschaften und Akten, die auf dem Tisch lagen, mit dem Ausdruck zurückgehaltenen Unwillens, übereinander. Der Prinz, nach einer Pause, in welcher er ihn mit großen Augen ansah, versetzte, dass es ihm Leid täte, wenn er seine Zufriedenheit in dieser Sache verfehlt habe; inzwischen könne er ihm den Beschluss des Staatsrats vorzeigen, worin ihm die Abschickung des Rechtsanwalts, zu dem besagten Zeitpunkt, zur Pflicht gemacht worden wäre. Er setzte hinzu, dass im Staatsrat von einer Rücksprache mit dem Doktor Luther, auf keine Weise die Rede gewesen wäre; dass es früherhin vielleicht zweckmäßig gewesen sein möchte, diesen geistlichen Herrn, wegen der Verwendung, die er dem Kohlhaas angedeihen lassen, zu berücksichtigen, nicht aber jetzt mehr, nachdem man demselben die Amnestie vor den Augen der ganzen Welt gebrochen, ihn arretiert, und zur Verurteilung und Hinrichtung an die brandenburgischen Gerichte ausgeliefert hätte. Der Kurfürst sagte: das Versehen, den Eibenmayer abgeschickt zu haben, wäre auch in der Tat nicht groß; inzwischen wünsche er, dass derselbe vorläufig, bis auf weiteren Befehl, in seiner Eigenschaft als Ankläger zu Wien nicht aufträte, und bat den Prinzen, deshalb das Erforderliche unverzüglich durch einen Expressen, an ihn zu erlassen. Der Prinz antwortete: dass dieser Befehl leider um einen Tag zu spät käme, indem der Eibenmayer bereits nach einem Berichte, der eben heute eingelaufen, in seiner Qualität als Anwalt aufgetreten, und mit Einreichung der Klage bei der Wiener Staatskanzlei vorgegangen wäre. Er setzte auf die betroffene Frage des Kurfürsten: wie dies überall in so kurzer Zeit möglich sei? hinzu: dass bereits, seit der Abreise dieses Mannes drei Wochen verstrichen wären, und dass die Instruktion, die er erhalten, ihm eine ungesäumte Abmachung dieses Geschäfts, gleich nach seiner Ankunft in Wien zur Pflicht gemacht hätte. Eine Verzögerung, bemerkte der Prinz, würde in diesem Fall umso unschicklicher gewesen sein, da der brandenburgische Anwalt Zäuner, gegen den Junker Wenzel von Tronka mit dem trotzigsten Nachdruck verfahre, und bereits auf eine vorläufige Zurückziehung der Rappen, aus den Händen des Abdeckers, behufs ihrer künftigen Wiederherstellung, bei dem Gerichtshof angetragen, und auch aller Einwendungen der Gegenpart ungeachtet, durchgesetzt habe. Der Kurfürst, indem er die Klingel zog, sagte: „gleichviel! es hätte nichts zu bedeuten!", und nachdem er sich mit gleichgültigen Fragen: wie es sonst in Dresden stehe? und was in seiner Abwesenheit vorgefallen sei? zu dem Prinzen zurückgewandt hatte: grüßte er ihn, unfähig seinen innersten Zustand zu verbergen, mit der Hand, und entließ ihn. Er forderte ihm noch an demselben Tage schriftlich, unter dem Vorwande, dass er die Sache, ihrer politischen Wichtigkeit wegen, selbst bearbeiten wolle, die sämtlichen Kohlhaasischen Akten ab; und da ihm der Gedanke, denjenigen zu verderben, von dem er allein über die Geheimnisse des Zettels Auskunft erhalten konnte, unerträglich war: so verfasste er einen eigenhändigen Brief an den Kaiser, worin er ihn auf herzliche und dringende Weise bat, aus wichtigen Gründen, die er ihm vielleicht in kurzer Zeit bestimmter auseinander legen würde, die Klage, die der Eibenmayer gegen den Kohlhaas eingereicht, vorläufig bis auf einen weiteren Beschluss, zurücknehmen zu dürfen. Der Kaiser, in einer durch die Staatskanzlei ausgefertigten Note, antwortete ihm: „dass der Wechsel, der plötzlich in seiner Brust vorgegangen zu sein scheine, ihn aufs Äußerste befremde; dass der sächsischerseits an ihn erlassene Bericht, die Sache des Kohlhaas zu einer Angelegenheit gesamten Heiligen Römischen Reichs gemacht hätte; dass demgemäß er, der Kaiser, als Oberhaupt desselben, sich verpflichtet gesehen hätte, als Ankläger in dieser Sache bei dem Hause Brandenburg aufzutreten; dergestalt, dass da bereits der Hof-Assessor Franz Müller, in der Eigenschaft als Anwalt nach Berlin gegangen wäre, um den Kohlhaas daselbst, wegen Verletzung des öffentlichen Landfriedens, zur Rechenschaft zu ziehen, die Beschwerde nunmehr auf keine Weise zurückgenommen werden könne, und die Sache den Gesetzen gemäß, ihren weiteren Fortgang nehmen müsse." Dieser Brief schlug den Kurfürsten völlig nieder; und da, zu seiner äußersten Betrübnis, in einiger Zeit Privatschreiben aus Berlin einliefen, in welchen die Einleitung des Prozesses bei dem Kammergericht gemeldet, und bemerkt ward, dass der Kohlhaas wahrscheinlich, aller Bemühungen des ihm zugeordneten Advokaten ungeachtet, auf dem Schafott enden werde: so beschloss dieser unglückliche Herr noch einen Versuch zu machen, und bat den Kurfürsten von Brandenburg, in einer eigenhändigen Zuschrift, um des Rosshändlers Leben. Er schützte vor, dass die Amnestie, die man diesem Manne angelobt, die Vollstreckung eines Todesurteils an demselben, füglicher Weise, nicht zulasse; versicherte ihn, dass es, trotz der scheinbaren Strenge, mit welcher man gegen ihn verfahren, nie seine Absicht gewesen wäre, ihn sterben zu lassen; und beschrieb ihm, wie trostlos er sein würde, wenn der Schutz, den man vorgegeben hätte, ihm von Berlin aus angedeihen lassen zu wollen, zuletzt, in einer unerwarteten Wendung, zu seinem größeren Nachteile ausschlüge, als wenn er in Dresden geblieben, und seine Sache nach sächsischen Gesetzen entschieden worden wäre. Der Kurfürst von Brandenburg, dem in dieser Angabe mancherlei zweideutig und unklar schien, antwortete ihm: „dass der Nachdruck, mit welchem der Anwalt kaiserlicher Majestät verführe, platterdings nicht erlaube, dem Wunsch, den er ihm geäußert, gemäß, von der strengen Vorschrift der Gesetze abzuweichen. Er bemerkte, dass die ihm vorgelegte Besorgnis in der Tat zu weit ginge, indem die Beschwerde, wegen der dem Kohlhaas in der Amnestie verziehenen Verbrechen ja nicht von ihm, der demselben die Amnestie erteilt, sondern von dem Reichsoberhaupt, das daran auf keine Weise gebunden sei, bei dem Kammergericht zu Berlin anhängig gemacht worden wäre. Dabei stellte er ihm vor, wie notwendig bei den fortdauernden Gewalttätigkeiten des Nagelschmidt, die sich sogar schon, mit unerhörter Dreistigkeit, bis aufs brandenburgische Gebiet erstreckten, die Statuierung eines abschreckenden Beispiels wäre, und bat ihn, falls er dies alles nicht berücksichtigen wolle, sich an des Kaisers Majestät selbst zu wenden, indem, wenn dem Kohlhaas zu Gunsten ein Machtspruch fallen sollte, dies allein auf eine Erklärung von dieser Seite her geschehen könne." Der Kurfürst, aus Gram und Ärger über alle diese missglückten Versuche, verfiel in eine neue Krankheit; und da der Kämmerer ihn an einem Morgen besuchte, zeigte er ihm die Briefe, die er, um dem Kohlhaas das Leben zu fristen, und somit wenigstens Zeit zu gewinnen, des Zettels, den er besäße, habhaft zu werden, an den Wiener und Berliner Hof er-

lassen. Der Kämmerer warf sich auf Knien vor ihm nieder, und
bat ihn, um alles was ihm heilig und teuer sei, ihm zu sagen, was
dieser Zettel enthalte? Der Kurfürst sprach, er möchte das Zimmer verriegeln, und sich auf das Bett niedersetzen; und nachdem
er seine Hand ergriffen, und mit einem Seufzer an sein Herz gedrückt hatte, begann er folgendergestalt: „Deine Frau hat dir, wie
ich höre, schon erzählt, dass der Kurfürst von Brandenburg und
ich, am dritten Tage der Zusammenkunft, die wir in Jüterbock
hielten, auf eine Zigeunerin trafen; und da der Kurfürst, aufge-
weckt wie er von Natur ist, beschloss, den Ruf dieser abenteuer-
lichen Frau, von deren Kunst, eben bei der Tafel, auf ungebührliche
Weise die Rede gewesen war, durch einen Scherz im Angesicht alles Volks zunichte zu machen: so trat er mit verschränkten Armen
vor ihren Tisch, und forderte, der Weissagung wegen, die sie ihm
machen sollte, ein Zeichen von ihr, das sich noch heute erproben
ließe, vorschützend, dass er sonst nicht, und wäre sie auch die rö-
mische Sibylle selbst, an ihre Worte glauben könne. Die Frau, indem sie uns flüchtig von Kopf zu Fuß maß, sagte: das Zeichen
würde sein, dass uns der große, gehörnte Rehbock, den der Sohn
des Gärtners im Park erzog, auf dem Markt, worauf wir uns befanden, bevor wir ihn noch verlassen, entgegenkommen würde.
Nun musst du wissen, dass dieser, für die Dresdner Küche bestimmte Rehbock, in einem mit Latten hoch verzäunten Verschla-
ge, den die Eichen des Parks beschatteten, hinter Schloss und Riegel aufbewahrt ward, dergestalt, dass, da überdies anderen kleineren Wildes und Geflügels wegen, der Park überhaupt und
obenein der Garten, der zu ihm führte, in sorgfältigem Beschluss
gehalten ward, schlechterdings nicht abzusehen war, wie uns das
Tier, diesem sonderbaren Vorgeben gemäß, bis auf dem Platz, wo
wir standen, entgegenkommen würde; gleichwohl schickte der
Kurfürst aus Besorgnis vor einer dahinter steckenden Schelmerei,
nach einer kurzen Abrede mit mir, entschlossen, auf unabänderli-
che Weise, alles was sie noch vorbringen würde, des Spaßes wegen, zu Schanden zu machen, ins Schloss, und befahl, dass der
Rehbock augenblicklich getötet, und für die Tafel, an einem der
nächsten Tage, zubereitet werden solle. Hierauf wandte er sich zu
der Frau, vor welcher diese Sache laut verhandelt worden war,
zurück, und sagte: nun, wohlan! was hast du mir für die Zukunft
zu entdecken? Die Frau, indem sie in seine Hand sah, sprach: Heil
meinem Kurfürsten und Herrn! Deine Gnaden wird lange regie-
ren, das Haus, aus dem du stammst, lange bestehen, und deine
Nachkommen groß und herrlich werden und zu Macht gelangen,
vor allen Fürsten und Herren der Welt! Der Kurfürst, nach einer

Pause, in welcher er die Frau gedankenvoll ansah, sagte halblaut, mit einem Schritte, den er zu mir tat, dass es ihm jetzo fast Leid täte, einen Boten abgeschickt zu haben, um die Weissagung zunichte zu machen; und während das Geld aus den Händen der Ritter, die ihm folgten, der Frau haufenweis, unter vielem Jubel, in den Schoß regnete, fragte er sie, indem er selbst in die Tasche griff, und ein Goldstück dazulegte: ob der Gruß, den sie mir zu eröffnen hätte, auch von so silbernem Klang wäre, als der seinige? Die Frau, nachdem sie einen Kasten, der ihr zur Seite stand, aufgemacht, und das Geld, nach Sorte und Menge, weitläufig und umständlich darin geordnet, und den Kasten wieder verschlossen hatte, schützte ihre Hand vor die Sonne, gleichsam als ob sie ihr lästig wäre, und sah mich an; und da ich die Frage an sie wiederholte, und, auf scherzhafte Weise, während sie meine Hand prüfte, zum Kurfürsten sagte: *mir*, scheint es, hat sie nichts, das eben angenehm wäre, zu verkündigen: so ergriff sie ihre Krücken, hob sich langsam daran vom Schemel empor, und indem sie sich, mit geheimnisvoll vorgehaltenen Händen, dicht zu mir herandrängte, flüsterte sie mir vernehmlich ins Ohr: nein! – So! sagt' ich verwirrt, und trat einen Schritt vor der Gestalt zurück, die sich, mit einem Blick, kalt und leblos, wie aus marmornen Augen, auf den Schemel, der hinter ihr stand, zurücksetzte: von welcher Seite her droht meinem Hause Gefahr? Die Frau, indem sie eine Kohle und ein Papier zur Hand nahm und ihre Knie kreuzte, fragte: ob sie es mir aufschreiben solle? und da ich, verlegen in der Tat, bloß weil mir, unter den bestehenden Umständen, nichts anders übrig blieb, antwortete: ja! das tu! so versetzte sie: ,wohlan! dreierlei schreib ich dir auf: den Namen des letzten Regenten deines Hauses, die Jahrszahl, da er sein Reich verlieren, und den Namen dessen, der es, durch die Gewalt der Waffen, an sich reißen wird.' Dies, vor den Augen allen Volks abgemacht, erhebt sie sich, verklebt den Zettel mit Lack, den sie in ihrem welken Munde befeuchtet, und drückt einen bleiernen, an ihrem Mittelfinger befindlichen Siegelring darauf. Und da ich den Zettel, neugierig, wie du leicht begreifst, mehr als Worte sagen können, erfassen will, spricht sie: ,mitnichten, Hoheit!', und wendet sich und hebt ihrer Krücken eine empor; ,von jenem Mann dort, der, mit dem Federhut, auf der Bank steht, hinter allem Volk, am Kircheneingang, lösest du, wenn es dir beliebt, den Zettel ein!' Und damit, ehe ich noch recht begriffen, was sie sagt, auf dem Platz, vor Erstaunen sprachlos, lässt sie mich stehen; und während sie den Kasten, der hinter ihr stand, zusammenschlug, und über den Rücken warf, mischt sie sich, ohne dass ich weiter bemerken konnte, was sie tut, unter den

Haufen des uns umringenden Volks. Nun trat, zu meinem in der
Tat herzlichen Trost, in eben diesem Augenblick der Ritter auf,
den der Kurfürst ins Schloss geschickt hatte, und meldete ihm, mit
lachendem Munde, dass der Rehbock getötet, und durch zwei Jäger, vor seinen Augen, in die Küche geschleppt worden sei. Der
Kurfürst, indem er seinen Arm munter in den meinigen legte, in
der Absicht, mich von dem Platz hinwegzuführen, sagte: nun,
wohlan! so war die Prophezeiung eine alltägliche Gaunerei, und
Zeit und Gold, die sie uns gekostet nicht wert! Aber wie groß war
unser Erstaunen, da sich, noch während dieser Worte, ein Geschrei rings auf dem Platze erhob, und aller Augen sich einem
großen, vom Schlosshof herantrabenden Schlächterhund zu-
wandten, der in der Küche den Rehbock als gute Beute beim
Nacken erfasst, und das Tier drei Schritte von uns, verfolgt von
Knechten und Mägden, auf den Boden fallen ließ: dergestalt, dass
in der Tat die Prophezeiung des Weibes, zum Unterpfand alles
dessen, was sie vorgebracht, erfüllt, und der Rehbock uns bis auf
den Markt, obschon allerdings tot, entgegengekommen war. Der
Blitz, der an einem Wintertag vom Himmel fällt, kann nicht ver-
nichtender treffen, als mich dieser Anblick, und meine erste
Bemühung, sobald ich der Gesellschaft in der ich mich befand,
überhoben, war gleich, den Mann mit dem Federhut, den mir das
Weib bezeichnet hatte, auszumitteln; doch keiner meiner Leute,
unausgesetzt während drei Tage auf Kundschaft geschickt, war
im Stande mir auch nur auf die entferntes Weise Nachricht davon zu geben: und jetzt, Freund Kunz, vor wenig Wochen, in der
Meierei zu Dahme, habe ich den Mann mit meinen eigenen Augen
gesehn." – Und damit ließ er die Hand des Kämmerers fahren; und
während er sich den Schweiß abtrocknete, sank er wieder auf das
Lager zurück. Der Kämmerer, der es für vergebliche Mühe hielt,
mit seiner Ansicht von diesem Vorfall die Ansicht, die der Kurfürst davon hatte, zu durchkreuzen und zu berichtigen, bat ihn,
doch irgendein Mittel zu versuchen, des Zettels habhaft zu werden, und den Kerl nachher seinem Schicksal zu überlassen; doch
der Kurfürst antwortete, dass er platterdings kein Mittel dazu
sähe, obschon der Gedanke, ihn entbehren zu müssen, oder wohl
gar die Wissenschaft davon mit diesem Menschen untergehen zu
sehen, ihn dem Jammer und der Verzweiflung nahe brächte. Auf
die Frage des Freundes: ob er denn Versuche gemacht, die Person
der Zigeunerin selbst auszuforschen? erwiderte der Kurfürst, dass
das Gubernium, auf einen Befehl, den er unter einem falschen
Vorwand an dasselbe erlassen, diesem Weibe vergebens, bis auf
den heutigen Tag, in allen Plätzen des Kurfürstentums nachspüre:

wobei er, aus Gründen, die er jedoch näher zu entwickeln sich
weigerte, überhaupt zweifelte, dass sie in Sachsen auszumitteln
sei. Nun traf es sich, dass der Kämmerer, mehrerer beträchtlichen
Güter wegen, die seiner Frau aus der Hinterlassenschaft des abge-
setzten und bald darauf verstorbenen Erzkanzlers, Grafen Kallheim, in der Neumark zugefallen waren, nach Berlin reisen wollte; dergestalt, dass, da er den Kurfürsten in der Tat liebte, er ihn
nach einer kurzen Überlegung fragte: ob er ihm in dieser Sache
freie Hand lassen wolle? und da dieser, indem er seine Hand herz-
lich an seine Brust drückte, antwortete: „denke, du seist ich, und
schaff mir den Zettel!", so beschleunigte der Kämmerer, nachdem
er seine Geschäfte abgegeben, um einige Tage seine Abreise, und
fuhr, mit Zurücklassung seiner Frau, bloß von einigen Bedienten
begleitet, nach Berlin ab.

Kohlhaas, der inzwischen, wie schon gesagt, in Berlin angekommen, und, auf einen Spezialbefehl des Kurfürsten, in ein rit-
terliches Gefängnis gebracht worden war, das ihn mit seinen fünf
Kindern, so bequem als es sich tun ließ, empfing, war gleich nach
Erscheinung des kaiserlichen Anwalts aus Wien, auf den Grund
wegen Verletzung des öffentlichen, kaiserlichen Landfriedens,
vor den Schranken des Kammergerichts zur Rechenschaft gezogen worden; und ob er schon in seiner Verantwortung einwandte,
dass er wegen seines bewaffneten Einfalls in Sachsen, und der dabei verübten Gewalttätigkeiten, kraft des mit dem Kurfürsten von
Sachsen zu Lützen abgeschlossenen Vergleichs, nicht belangt
werden könne: so erfuhr er doch, zu seiner Belehrung, dass des
Kaisers Majestät, deren Anwalt hier die Beschwerde führe, darauf
keine Rücksicht nehmen könne: ließ sich auch sehr bald, da man
ihm die Sache auseinander setzte und erklärte, wie ihm dagegen
von Dresden her, in seiner Sache gegen den Junker Wenzel von
Tronka, völlige Genugtuung widerfahren werde, die Sache gefallen. Demnach traf es sich, dass grade am Tage der Ankunft des
Kämmerers, das Gesetz über ihn sprach, und er verurteilt ward
mit dem Schwerte vom Leben zum Tode gebracht zu werden; ein
Urteil, an dessen Vollstreckung gleichwohl, bei der verwickelten
Lage der Dinge, seiner Milde ungeachtet, niemand glaubte, ja, das
die ganze Stadt, bei dem Wohlwollen das der Kurfürst für den
Kohlhaas trug, unfehlbar durch ein Machtwort desselben, in eine
bloße, vielleicht beschwerliche und langwierige Gefängnisstrafe
verwandelt zu sehen hoffte. Der Kämmerer, der gleichwohl einsah, dass keine Zeit zu verlieren sein möchte, falls der Auftrag, den
ihm sein Herr gegeben, in Erfüllung gehen sollte, fing sein Geschäft damit an, sich dem Kohlhaas, am Morgen eines Tages, da

77

derselbe in harmloser Betrachtung der Vorübergehenden, am
Fenster seines Gefängnisses stand, in seiner gewöhnlichen Hof-
tracht, genau und umständlich zu zeigen; und da er, aus einer
plötzlichen Bewegung seines Kopfes, schloss, dass der Rosshändler ihn bemerkt hatte, und besonders, mit großem Vergnügen, einen unwillkürlichen Griff desselben mit der Hand auf die Gegend
der Brust, wo die Kapsel lag, wahrnahm: so hielt er das, was in der
Seele desselben in diesem Augenblick vorgegangen war, für eine
hinlängliche Vorbereitung, um in dem Versuch, des Zettels habhaft zu werden, einen Schritt weiter vorzurücken. Er bestellte ein
altes, auf Krücken herumwandelndes Trödelweib zu sich, das er
in den Straßen von Berlin, unter einem Tross andern, mit Lumpen
handelnden Gesindels bemerkt hatte, und das ihm, dem Alter und
der Tracht nach, ziemlich mit dem, das ihm der Kurfürst beschrie-
ben hatte, übereinzustimmen schien; und in der Voraussetzung,
der Kohlhaas werde sich die Züge derjenigen, die ihm in einer
flüchtigen Erscheinung den Zettel überreicht hatte, nicht eben tief
eingeprägt haben, beschloss er, das gedachte Weib statt ihrer un-
terzuschieben, und bei Kohlhaas, wenn es sich tun ließe, die Rolle, als ob sie die Zigeunerin wäre, spielen zu lassen. Demgemäß,
um sie dazu in Stand zu setzen, unterrichtete er sie umständlich
von allem, was zwischen dem Kurfürsten und der gedachten Zigeunerin in Jüterbock vorgefallen war, wobei er, weil er nicht
wusste, wie weit das Weib in ihren Eröffnungen gegen den Kohlhaas gegangen war, nicht vergaß, ihr besonders die drei geheim-
nisvollen, in dem Zettel enthaltenen Artikel einzuschärfen; und
nachdem er ihr auseinander gesetzt hatte, was sie, auf abgerissene
und unverständliche Weise, fallen lassen müsse, gewisser Anstalten wegen, die man getroffen, sei es durch List oder durch Gewalt,
des Zettels, der dem sächsischen Hofe von der äußersten Wichtigkeit sei, habhaft zu werden, trug er ihr auf, dem Kohlhaas den Zettel, unter dem Vorwand, dass derselbe bei ihm nicht mehr sicher
sei, zur Aufbewahrung während einiger verhängnisvollen Tage,
abzufordern. Das Trödelweib übernahm auch sogleich gegen die
Verheißung einer beträchtlichen Belohnung, wovon der Kämmerer ihr auf ihre Forderung einen Teil im Voraus bezahlen musste,
die Ausführung des besagten Geschäfts; und da die Mutter des bei
Mühlberg gefallenen Knechts Herse, den Kohlhaas, mit Erlaubnis
der Regierung, zuweilen besuchte, diese Frau ihr aber seit einigen
Monden her, bekannt war: so gelang es ihr, an einem der nächsten
Tage, vermittelst einer kleinen Gabe an den Kerkermeister, sich
bei dem Rosskamm Eingang zu verschaffen. – Kohlhaas aber, als
diese Frau zu ihm eintrat, meinte, an einem Siegelring, den sie an

der Hand trug, und einer ihr vom Hals herabhangenden Korallen-
kette, die bekannte alte Zigeunerin selbst wieder zu erkennen, die
ihm in Jüterbock den Zettel überreicht hatte; und wie denn die
Wahrscheinlichkeit nicht immer auf Seiten der Wahrheit ist, so
traf es sich, dass hier etwas geschehen war, das wir zwar berichten:
die Freiheit aber, daran zu zweifeln, demjenigen, dem es wohlge-
fällt, zugestehen müssen: der Kämmerer hatte den ungeheuersten
Missgriff begangen, und in dem alten Trödelweib, das er in den
Straßen von Berlin aufgriff, um die Zigeunerin nachzuahmen, die
geheimnisreiche Zigeunerin selbst getroffen, die er nachgeahmt
wissen wollte. Wenigstens berichtete das Weib, indem sie, auf ihre Krücken gestützt, die Wangen der Kinder streichelte, die sich,
betroffen von ihrem wunderlichen Anblick, an den Vater lehnten:
dass sie schon seit geraumer Zeit aus dem Sächsischen ins Brandenburgische zurückgekehrt sei, und sich, auf eine, in den Straßen
von Berlin unvorsichtig gewagte Frage des Kämmerers, nach der
Zigeunerin, die im Frühjahr des verflossenen Jahres, in Jüterbock
gewesen, sogleich an ihn gedrängt, und, unter einem falschen Namen, zu dem Geschäfte, das er besorgt wissen wollte, angetragen
habe. Der Rosshändler, der eine sonderbare Ähnlichkeit zwischen ihr und seinem verstorbenen Weibe Lisbeth bemerkte, dergestalt, dass er sie hätte fragen können, ob sie ihre Großmutter sei:
denn nicht nur, dass die Züge ihres Gesichts, ihre Hände, auch in
ihrem knöchernen Bau noch schön, und besonders der Gebrauch,
den sie davon im Reden machte, ihn aufs Lebhafteste an sie erinnerten: auch ein Mal, womit seiner Frauen Hals bezeichnet war,
bemerkte er an dem ihrigen – der Rosshändler nötigte sie, unter
Gedanken, die sich seltsam in ihm kreuzten, auf einen Stuhl nieder, und fragte, was sie in aller Welt in Geschäften des Kämmerers
zu ihm führe? Die Frau, während der alte Hund des Kohlhaas ihre Knie umschnüffelte, und von ihrer Hand gekraut, mit dem
Schwanz wedelte, antwortete: „der Auftrag, den ihr der Kämmerer gegeben, wäre, ihm zu eröffnen, auf welche drei dem sächsischen Hofe wichtigen Fragen der Zettel geheimnisvolle Antwort
enthalte; ihn vor einem Abgesandten, der sich in Berlin befinde,
um seiner habhaft zu werden, zu warnen: und ihm den Zettel, unter dem Vorwande, dass er an seiner Brust, wo er ihn trage, nicht
mehr sicher sei, abzufordern. Die Absicht aber, in der sie komme,
sei, ihm zu sagen, dass die Drohung ihn durch Arglist oder Gewalttätigkeit um den Zettel zu bringen, abgeschmackt, und ein
leeres Trugbild sei; dass er unter dem Schutz des Kurfürsten von
Brandenburg, in dessen Verwahrsam er sich befinde, nicht das
Mindeste für denselben zu befürchten habe; ja, dass das Blatt bei

ihm weit sicherer sei, als bei ihr, und dass er sich wohl hüten möchte, sich durch Ablieferung desselben, an wen und unter welchem Vorwand es auch sei, darum bringen zu lassen. – Gleichwohl schloss sie, dass sie es für klug hielte, von dem Zettel den Gebrauch zu machen, zu welchem sie ihm denselben auf dem Jahrmarkt zu Jüterbock eingehändigt, dem Antrag, den man ihm auf der Grenze durch den Junker vom Stein gemacht, Gehör zu geben, und den Zettel, der ihm selbst weiter nichts nutzen könne, für Freiheit und Leben an den Kurfürsten von Sachsen auszuliefern." Kohlhaas, der über die Macht jauchzte, die ihm gegeben war, seines Feindes Ferse, in dem Augenblick, da sie ihn in den Staub trat, tödlich zu verwunden, antwortete: nicht um die Welt, Mütterchen, nicht um die Welt! und drückte der Alten Hand, und wollte nur wissen, was für Antworten auf die ungeheuren Fragen im Zettel enthalten wären? Die Frau, inzwischen sie das Jüngste, das sich zu ihren Füßen niedergekauert hatte, auf den Schoß nahm, sprach: „nicht um die Welt, Kohlhaas, der Rosshändler; aber um diesen hübschen, kleinen, blonden Jungen!", und damit lachte sie ihn an, herzte und küsste ihn, der sie mit großen Augen ansah, und reichte ihm, mit ihren dürren Händen, einen Apfel, den sie in ihrer Tasche trug, dar. Kohlhaas sagte verwirrt: dass die Kinder selbst, wenn sie groß wären, ihn, um seines Verfahrens loben würden, und dass er, für sie und ihre Enkel nichts Heilsameres tun könne, als den Zettel behalten. Zudem fragte er, wer ihn, nach der Erfahrung, die er gemacht, vor einem neuen Betrug sicherstelle, und ob er nicht zuletzt, unnützer Weise, den Zettel, wie jüngst den Kriegshaufen, den er in Lützen zusammengebracht, an den Kurfürsten aufopfern würde? „Wer mir sein Wort einmal gebrochen", sprach er, „mit dem wechsle ich keins mehr; und nur deine Forderung, bestimmt und unzweideutig, trennt mich, gutes Mütterchen, von dem Blatt, durch welches mir für alles, was ich erlitten, auf so wunderbare Weise Genugtuung geworden ist." Die Frau, indem sie das Kind auf den Boden setzte, sagte: dass er in mancherlei Hinsicht Recht hätte, und dass er tun und lassen könnte, was er wollte! Und damit nahm sie ihre Krücken wieder zur Hand, und wollte gehn. Kohlhaas wiederholte seine Frage, den Inhalt des wunderbaren Zettels betreffend; er wünschte, da sie flüchtig antwortete: „dass er ihn ja eröffnen könne, obschon es eine bloße Neugierde wäre", noch über tausend andere Dinge, bevor sie ihn verließe, Aufschluss zu erhalten; wer sie eigentlich sei, woher sie zu der Wissenschaft, die ihr inwohne, komme, warum sie dem Kurfürsten, für den er doch geschrieben, den Zettel verweigert, und grade ihm, unter so vielen tausend Menschen, der ih-

rer Wissenschaft nie begehrt, das Wunderblatt überreicht habe? –
– Nun traf es sich, dass in eben diesem Augenblick ein Geräusch
hörbar ward, das einige Polizei-Offizianten, die die Treppe he-
raufstiegen, verursachten; dergestalt, dass das Weib, von plötzlicher Besorgnis, in diesen Gemächern von ihnen betroffen zu werden, ergriffen, antwortete: „auf Wiedersehen Kohlhaas, auf Wie-
dersehn! Es soll dir, wenn wir uns wieder treffen, an Kenntnis über
dies alles nicht fehlen!" Und damit, indem sie sich gegen die Tür
wandte, rief sie: „lebt wohl, Kinderchen, lebt wohl!", küsste das
kleine Geschlecht nach der Reihe, und ging ab.
   Inzwischen hatte der Kurfürst von Sachsen, seinen jammervol-
len Gedanken preisgegeben, zwei Astrologen, namens Olden-
holm und Olearius, welche damals in Sachsen in großem Ansehen
standen, herbeigerufen, und wegen des Inhalts des geheimnisvol-
len, ihm und dem ganzen Geschlecht seiner Nachkommen so
wichtigen Zettels zu Rate gezogen; und da die Männer, nach einer,
mehrere Tage lang im Schlossturm zu Dresden fortgesetzten, tief-
sinnigen Untersuchung, nicht einig werden konnten, ob die Prophezeiung sich auf späte Jahrhunderte oder aber auf die jetzige
Zeit beziehe, und vielleicht die Krone Polen, mit welcher die Verhältnisse immer noch sehr kriegerisch waren, damit gemeint sei:
so wurde durch solchen gelehrten Streit, statt sie zu zerstreuen,
die Unruhe, um nicht zu sagen, Verzweiflung, in welcher sich dieser unglückliche Herr befand, nur geschärft, und zuletzt bis auf
einen Grad, der seiner Seele ganz unerträglich war, vermehrt. Dazu kam, dass der Kämmerer um diese Zeit seiner Frau, die im Begriff stand, ihm nach Berlin zu folgen, auftrug, dem Kurfürsten,
bevor sie abreiste, auf eine geschickte Art beizubringen, wie miss-
lich es nach einem verunglückten Versuch, den er mit einem Weibe gemacht, das sich seitdem nicht wieder habe blicken lassen, mit
der Hoffnung aussehe, des Zettels in dessen Besitz der Kohlhaas
sei, habhaft zu werden, indem das über ihn gefällte Todesurteil,
nunmehr, nach einer umständlichen Prüfung der Akten, von dem
Kurfürsten von Brandenburg unterzeichnet, und der Hinrich-
tungstag bereits auf den Montag nach Palmarum festgesetzt sei;
auf welche Nachricht der Kurfürst sich, das Herz von Kummer
und Reue zerrissen, gleich einem ganz Verlorenen, in seinem Zimmer verschloss, während zwei Tage, des Lebens satt, keine Speise
zu sich nahm, und am dritten plötzlich, unter der kurzen Anzeige
an das Gubernium, dass er zu dem Fürsten von Dessau auf die
Jagd reise, aus Dresden verschwand. Wohin er eigentlich ging,
und ob er sich nach Dessau wandte, lassen wir dahingestellt sein,
indem die Chroniken, aus deren Vergleichung wir Bericht erstat-

ten, an dieser Stelle, auf befremdende Weise, einander widerspre-
chen und aufheben. Gewiss ist, dass der Fürst von Dessau, unfähig
zu jagen, um diese Zeit krank in Braunschweig, bei seinem
Oheim, dem Herzog Heinrich, lag, und dass die Dame Heloise,
am Abend des folgenden Tages, in Gesellschaft eines Grafen von
Königstein, den sie für ihren Vetter ausgab, bei dem Kämmerer
Herrn Kunz, ihrem Gemahl, in Berlin eintraf. – Inzwischen war
dem Kohlhaas, auf Befehl des Kurfürsten, das Todesurteil vorge-
lesen, die Ketten abgenommen, und die über sein Vermögen lautenden Papiere, die ihm in Dresden abgesprochen worden waren,
wieder zugestellt worden; und da die Räte, die das Gericht an ihn
abgeordnet hatte, ihn fragten, wie er es mit dem, was er besitze,
nach seinem Tode gehalten wissen wolle: so verfertigte er, mit
Hülfe eines Notars, zu seiner Kinder Gunsten ein Testament, und
setzte den Amtmann zu Kohlhaasenbrück, seinen wackern
Freund, zum Vormund derselben ein. Demnach glich nichts der
Ruhe und Zufriedenheit seiner letzten Tage; denn auf eine sonderbare Spezial-Verordnung des Kurfürsten war bald darauf auch
noch der Zwinger, in welchem er sich befand, eröffnet, und allen
seinen Freunden, deren er sehr viele in der Stadt besaß, bei Tag
und Nacht freier Zutritt zu ihm verstattet worden. Ja, er hatte
noch die Genugtuung, den Theologen Jakob Freising, als einen
Abgesandten Doktor Luthers, mit einem eigenhändigen, ohne
Zweifel sehr merkwürdigen Brief, der aber verloren gegangen ist,
in sein Gefängnis treten zu sehen, und von diesem geistlichen
Herrn in Gegenwart zweier brandenburgischen Dechanten, die
ihm an die Hand gingen, die Wohltat der heiligen Kommunion zu
empfangen. Hierauf erschien nun, unter einer allgemeinen Bewegung der Stadt, die sich immer noch nicht entwöhnen konnte, auf
ein Machtwort, das ihn rettete, zu hoffen, der verhängnisvolle
Montag nach Palmarum, an welchem er die Welt, wegen des allzu
raschen Versuchs, sich selbst in ihr Recht verschaffen zu wollen,
versöhnen sollte. Eben trat er, in Begleitung einer starken Wache,
seine beiden Knaben auf dem Arm (denn diese Vergünsti-
gung hatte er sich ausdrücklich vor den Schranken des Gerichts
ausgebeten), von dem Theologen Jakob Freising geführt, aus dem
Tor seines Gefängnisses, als unter einem wehmütigen Gewimmel
von Bekannten, die ihm die Hände drückten, und von ihm Abschied nahmen, der Kastellan des kurfürstlichen Schlosses, ver-
stört im Gesicht, zu ihm herantrat, und ihm ein Blatt gab, das ihm,
wie er sagte, ein altes Weib für ihn eingehändigt. Kohlhaas,
während er den Mann der ihm nur wenig bekannt war, befremdet
ansah, eröffnete das Blatt, dessen Siegelring ihn, im Mundlack

ausgedrückt, sogleich an die bekannte Zigeunerin erinnerte. Aber
wer beschreibt das Erstaunen, das ihn ergriff, als er folgende
Nachricht darin fand: „Kohlhaas, der Kurfürst von Sachsen ist in
Berlin; auf den Richtplatz schon ist er vorangegangen, und wird,
5 wenn dir daran liegt, an einem Hut, mit blauen und weißen Federbüschen kenntlich sein. Die Absicht, in der er kömmt, brauche ich
dir nicht zu sagen; er will die Kapsel, sobald du verscharrt bist,
ausgraben, und den Zettel, der darin befindlich ist, eröffnen lassen. – Deine Elisabeth." – Kohlhaas, indem er sich auf das Äußers-
10 te bestürzt zu dem Kastellan umwandte, fragte ihn: ob er das wunderbare Weib, das ihm den Zettel übergeben, kenne? Doch da der
Kastellan antwortete: „Kohlhaas, das Weib" – – und inmitten der
Rede auf sonderbare Weise stockte, so konnte er, von dem Zuge,
der in diesem Augenblick wieder antrat, fortgerissen, nicht ver-
15 nehmen, was der Mann, der an allen Gliedern zu zittern schien,
vorbrachte. – Als er auf dem Richtplatz ankam, fand er den Kurfürsten von Brandenburg mit seinem Gefolge, worunter sich auch
der Erzkanzler, Herr Heinrich von Geusau befand, unter einer
unermesslichen Menschenmenge, daselbst zu Pferde halten: ihm
20 zur Rechten der kaiserliche Anwalt Franz Müller, eine Abschrift
des Todesurteils in der Hand; ihm zur Linken, mit dem Konklusum des Dresdner Hofgerichts, sein eigener Anwalt, der Rechts-
gelehrte Anton Zäuner; ein Herold in der Mitte des halb offenen
Kreises, den das Volk schloss, mit einem Bündel Sachen, und den
25 beiden, von Wohlsein glänzenden, die Erde mit ihren Hufen
stampfenden Rappen. Denn der Erzkanzler, Herr Heinrich, hatte
die Klage, die er, im Namen seines Herrn, in Dresden anhängig
gemacht, Punkt für Punkt, und ohne die mindeste Einschränkung
gegen den Junker Wenzel von Tronka, durchgesetzt; dergestalt,
30 dass die Pferde, nachdem man sie durch Schwingung einer Fahne
über ihre Häupter, ehrlich gemacht, und aus den Händen des Abdeckers, der sie ernährt, zurückgezogen hatte, von den Leuten des
Junkers dickgefüttert, und in Gegenwart einer eigens dazu nieder-
gesetzten Kommission, dem Anwalt, auf dem Markt zu Dresden,
35 übergeben worden waren. Demnach sprach der Kurfürst, als
Kohlhaas von der Wache begleitet, auf den Hügel zu ihm heran-
schritt: Nun, Kohlhaas, heut ist der Tag, an dem dir dein Recht ge-
schieht! Schau her, hier liefere ich dir alles, was du auf der Tronkenburg gewaltsamer Weise eingebüßt, und was ich, als dein
40 Landesherr, dir wieder zu verschaffen, schuldig war, zurück:
Rappen, Halstuch, Reichsgulden, Wäsche, bis auf die Kurkosten
sogar für deinen bei Mühlberg gefallenen Knecht Herse. Bist du
mit mir zufrieden? – Kohlhaas, während er das, ihm auf den Wink

des Erzkanzlers eingehändigte Konklusum, mit großen, funkeln-
den Augen überlas, setzte die beiden Kinder, die er auf dem Arm
trug, neben sich auf den Boden nieder; und da er auch einen Artikel darin fand, in welchem der Junker Wenzel zu zweijähriger Gefängnisstrafe verurteilt ward: so ließ er sich, aus der Ferne, ganz   5
überwältigt von Gefühlen, mit kreuzweis auf die Brust gelegten
Händen, vor dem Kurfürsten nieder. Er versicherte freudig dem
Erzkanzler, indem er aufstand, und die Hand auf seinen Schoß
legte, dass sein höchster Wunsch auf Erden erfüllt sei; trat an die
Pferde heran, musterte sie, und klopfte ihren feisten Hals; und er-   10
klärte dem Kanzler, indem er wieder zu ihm zurückkam, heiter:
„dass er sie seinen beiden Söhnen Heinrich und Leopold schen-
ke!" Der Kanzler, Herr Heinrich von Geusau, von Pferde herab
mild zu ihm gewandt, versprach ihm, in des Kurfürsten Namen,
dass sein letzter Wille heilig gehalten werden solle: und forderte   15
ihn auf, auch über die übrigen im Bündel befindlichen Sachen,
nach seinem Gutdünken zu schalten. Hierauf rief Kohlhaas die alte Mutter Hersens, die er auf dem Platz wahrgenommen hatte, aus
dem Haufen des Volks hervor, und indem er ihr die Sachen übergab, sprach er: „da, Mütterchen; das gehört dir!" – die Summe, die,   20
als Schadenersatz für ihn, bei dem im Bündel liegenden Gelde befindlich war, als ein Geschenk noch, zur Pflege und Erquickung
ihrer alten Tage, hinzufügend. – – Der Kurfürst rief: „nun, Kohlhaas, der Rosshändler, du, dem solchergestalt Genugtuung geworden, mache dich bereit, kaiserlicher Majestät, deren Anwalt   25
hier steht, wegen des Bruchs ihres Landfriedens, deinerseits Genugtuung zu geben!" Kohlhaas, indem er seinen Hut abnahm,
und auf die Erde warf, sagte: dass er bereit dazu wäre! übergab die
Kinder, nachdem er sie noch einmal vom Boden erhoben, und an
seine Brust gedrückt hatte, dem Amtmann von Kohlhaasenbrück,   30
und trat, während dieser sie unter stillen Tränen, vom Platz hin-
wegführte, an den Block. Eben knüpfte er sich das Tuch vom Hals
ab und öffnete seinen Brustlatz: als er, mit einem flüchtigen Blick
auf den Kreis, den das Volk bildete, in geringer Entfernung von
sich, zwischen zwei Rittern, die ihn mit ihren Leibern halb deck-   35
ten, den wohl bekannten Mann mit blauen und weißen Federbüschen wahrnahm. Kohlhaas löste sich, indem er mit einem plötzlichen, die Wache, die ihn umringte, befremdenden Schritt, dicht
vor ihn trat, die Kapsel von der Brust; er nahm den Zettel heraus,
entsiegelte ihn, und überlas ihn: und das Auge unverwandt auf   40
den Mann mit blauen und weißen Federbüschen gerichtet, der bereits süßen Hoffnungen Raum zu geben anfing, steckte er ihn in
den Mund und verschlang ihn. Der Mann mit blauen und weißen

84

Federbüschen sank, bei diesem Anblick, ohnmächtig, in Krämpfen nieder. Kohlhaas aber, während die bestürzten Begleiter desselben sich herabbeugten, und ihn vom Boden aufhoben, wandte sich zu dem Schafott, wo sein Haupt unter dem Beil des Scharfrichters fiel. Hier endigt die Geschichte vom Kohlhaas. Man legte die Leiche unter einer allgemeinen Klage des Volks in einen Sarg; und während die Träger sie aufhoben, um sie anständig auf den Kirchhof der Vorstadt zu begraben, rief der Kurfürst die Söhne des Abgeschiedenen herbei und schlug sie, mit der Erklärung an den Erzkanzler, dass sie in seiner Pagenschule erzogen werden sollten, zu Rittern. Der Kurfürst von Sachsen kam bald darauf, zerrissen an Leib und Seele, nach Dresden zurück, wo man das Weitere in der Geschichte nachlesen muss. Vom Kohlhaas aber haben noch im vergangenen Jahrhundert, im Mecklenburgischen, einige frohe und rüstige Nachkommen gelebt.

Zur Textgestaltung

Die kritische Kleistausgabe des Bibliographischen Instituts, die Erich Schmidt im Verein mit Georg Minde-Pouet und Reinhold Steig herausgegeben hat, liegt in zwei Auflagen vor. Von der zweiten erweiterten Auflage in acht Bänden ist der letzte Band mit den Anmerkungen und Lesarten nie erschienen, sodass man dafür auf die erste Auflage angewiesen ist.
Unsere Ausgabe des „Michael Kohlhaas" ist hergestellt nach dem im 6. Band der zweiten Auflage enthaltenen Text unter Benutzung der Erläuterungen im 4. Band der ersten Auflage, der außer den Erläuterungen die Lesarten und alle nötigen Angaben über die Textherstellung enthält. Der Text unserer Ausgabe wurde noch einmal anhand der von Helmut Sembdner im Carl Hanser Verlag, München, herausgegebenen Gesamtausgabe von Kleists Werken und Briefen, die einen aufgrund der Erstdrucke und Handschriften völlig revidierten Text enthält, überprüft und den Regeln der neuen amtlichen Rechtschreibung behutsam angeglichen.

NACHWORT

Mit dem Verzicht auf die Offizierslaufbahn beginnt 1799 Kleists Aufbruch in die Welt seiner eigenwilligen Existenz. Nach zwölf bewegten Wanderjahren voller persönlicher Krisen durch eine Niedergangszeit der preußischen Geschichte findet sein Leben im November 1811 ein frühes Ende. In der Mitte dieser Wanderung bedeuten die beiden Jahre 1805/06 in Königsberg einen Ruhepunkt: Eine Anstellung bei der Domänenkammer gibt dem Dichter mit der Sicherung seines Lebens die Ruhe zum Schaffen.

In diese Königsberger Zeit fallen die Anfänge der Kleist'schen Epik, und man könnte versucht sein, darin den Niederschlag einer gelassenen Lebensführung zu sehen. Aber dieses Leben war nie gelassen, und in den Kleist'schen Erzählungen werden auch nie behaglich Zustände und Charaktere geschildert, sondern Menschen durch Geschehnisse zu letzten Entscheidungen geführt. Kleist ist auch als Erzähler Dramatiker; die Kunstform seiner Erzählung ist die Novelle.

Im Januar 1808 erscheint in Dresden das „Kunstjournal Phöbus", herausgegeben von Heinrich von Kleist und Adam Müller; die Juni-Nummer dieser Zeitschrift bringt den ersten Teildruck des „Michael Kohlhaas": etwa ein Drittel der Erzählung in der ersten Fassung. Die ganze Novelle erscheint zuerst 1810 in Berlin in dem ersten Band der „Erzählungen" von Heinrich von Kleist, zusammen mit den gewichtigsten seiner acht Novellen: „Die Marquise von O...." (Hamburger Lesehefte Nr. 167) und „Das Erdbeben in Chili" (Hamburger Lesehefte Nr. 165).

Diese letzte Fassung von 1810 ist das Ergebnis verschiedener Umarbeitungen und Erweiterungen, die einige sachliche Unstimmigkeiten in den endgültigen Text gebracht haben. Eine dieser Nahtstellen haben wir in unseren Anmerkungen angedeutet, um damit auf die sehr schwierigen Fragen der Textgeschichte hinzuweisen.

Von dem Phöbus-Text gibt es zwei Neudrucke: 1924 ist ein Faksimile-Neudruck des ganzen Phöbus erschienen; 1926 hat H. Meyer-Benfey Kleists Novellen („Michael Kohlhaas" und „Die heilige Cäcilie") in der ersten Fassung herausgegeben (in der Germanischen Bibliothek, Bd. 23).

Die „alte Chronik", auf die Kleist sich in dem Untertitel bezieht, ist keine Erfindung. Eigentlich sind es drei verschiedene Quellen, die Kleist gekannt und benutzt hat. Die auf die Geschichte des „Kohlhaas" bezüglichen Stellen liegen heute im Neudruck vor: Rudolf Schlösser hat sie 1913 herausgegeben (in den Bonner Kleinen Texten). Wir führen die Titel dieser Quellen in unserem Anhang auf und bringen aus der wichtigsten einen Auszug im originalen Wortlaut.

ANHANG

Zur Geschichte des Hans Kohlhase

Den ausführlichsten Bericht über Hans Kohlhase verzeichnet Peter Hafftitz (um 1525 bis um 1602), der seit etwa 1550 in Berlin lebte. Sein „Mikrochronologicon" ist erst 1731 gedruckt worden: in dem dritten Teil des Werkes „Diplomatische und curieuse Nachlese der Historie von Obersachsen und angrentzenden Ländern" von Schöttgen und Kreysig.

Ein anderer Zeitgenosse des Kohlhase, Balthasar Mentz, erwähnt ihn nur kurz in seinem „Stammbuch vom Hehrkommen der Chur und Fürstlichen Heuser / Sachsen / Brandenburg usw." (Wittenberg, 1598).

Der dritte Bericht liegt vor in der lateinisch geschriebenen Chronik des Nicolaus Leutinger „De Marchia Brandenburgensi eiusque statu Commentarii" (Teildrucke daraus seit 1593 – Gesamtausgabe 1729).

Nachricht von Hans Kohlhasen
einem Befehder derer Chur-Sächsischen Lande.
Aus Petri Hafftitii geschriebener Märkischen Chronic.

Anno Christi 1540. Montags nach Palmarum, ist Hans Kohlhase, ein Bürger zu Cölln an der Spree, mit samt seinen Mitgesellen, George Nagelschmidt, und einem Küster, der sie gehauset, vor Berlin auffs Rad gelegt. Wie es aber zu diesem Unfall kommen, muß ich kürtzlich vermelden.

Dieser Hans Kohlhase ist ein ansehnlicher Bürger zu Cölln und ein Handelsmann gewesen, und sonderlich hat er mit Vieh gehandelt. Und als er auff eine Zeit schöne Pferde in Sachsen geführt, dieselben zu verkaufen, welche ihm einer von Adel angesprochen, als hätte er sie gestohlen, hat er die Pferde im Gerichte stehen lassen, auff des Edelmannes Unkosten, wofern er gnugsamen Beweiss brächte, dass er sie ehrlich gekauft; oder im Fall, da ers nicht erweissen würde, der Pferde verlustig seyn wollte. Als aber der Kohlhase davon gezogen, hat der Edelmann die Pferde etliche Wochen weidlich getrieben, und also abmatten lassen, daß sie gantz und gar verdorben. Derowegen hat Kohlhase auff seine Wiederkunfft, da er gnugsam Beweiss brachte, die Pferde nicht wieder annehmen, sondern bezahlt haben wollen. Und weil es der Edelmann nicht hat thun wollen, und Kohlhasen, ungeacht, dass es beim Churfürsten zu Sachsen ordentlicher Weise gesucht, zu seinem Rechte nicht hat mögen geholfen werden, hat er dem Churfürsten zu Sachsen entsagt, und darauff hat er für der Zane einen reichen Seiden-Kramer von Wittenberg, Georg Reich genannt, beraubet, seiner Frauen die Ringe vom Finger gezogen, was er bei sich gehabt, genommen, ihn weggeführt, und etliche Wochen an einem Orte, dahin niemand gekommen, auff einem beschlossenen Werder an der krummen Sprew in einem Berge, da er mit seiner Gesellschaft sein sicher Gewahrsam gehabt, gefänglich gehalten, biss er sich mit Gelde gelöset: Und hat sonst viel Nehmen gethan, biss endlich der Churfürst zu Sachsen sich erboten, einen Vertrag mit ihm auffzurichten, und zu Erörterung der Sache ihm zu Jüterbock einen Tag bestimmt. Denselben hat Kohlhase in die 40. Pferde starck mit des Churfürsten dazu verordneten Räthen und stadlichen Beystand besucht. Ob nun wohl die Sache von beyder Churfürsten Räthen nach Nothdurfft berathschlaget, und zu Grunde vertragen worden, so haben doch die Sachsen solchen Vertrag nicht nachgesetzt. Derowegen denn Kohlhase verursacht dem Churfürsten zu Sachsen auffs neue zu entsagen. Und weil damahls beyde Häuser, Brandenburg und Sachsen, in ein Missverständniss geraten, hat Kohlhase das Churfürstl. Brandenburgische Geleite, dergleichen des Ertzbischoffs zu Magdeburg im Stiffte bittlich erhalten. Derowegen er denn der Churfürsten zu Sachsen hefftig angegriffen, die Sächsischen Dörffer an der Märckischen und Stifftischen Grentze gelegen, geplündert, das Städtlein Zane ausgebrannt, und großen Schaden gethan, dass der Churfürst zu Sachsen nothwendig gedrungen an den Churfürsten zu Brandenburg und Ertz-Bischoff zu Magdeburg um Einsehen zu haben zu schreiben.

D. Luther seeliger hat, in Erwegung und Behertzigung aller Umstände, und zu Verhütung weiter Ungelegenheiten, so zu beyden Theilen daraus erwachsen könte, an Kohlhasen geschrieben, und vorwarnt von seinem Fürnehmen abzustehen, und hat ihm allerley zu Gemüthe geführet, was ihm darauff stünde, und wie Gott seine Verletzung, wo er ihm die Ehre und Rache nicht würde geben, wohl würde an Tag bringen und rächen. Darauff ist Kohlhase unvermerckt gen Wittenberg selb ander reutende kommen, und im Gasthofe eingekehret, seinen Diener in der Herberge gelassen, und auff den Abend für D. Luthers Thür gegangen, angeklopffet und begehret den D. zur Sprache zu haben. Als aber der D. sein Gesind sich nahmkundig zu machen, und was sein Begehr wäre zu entdecken, ihme etliche mahl sagen lassen, welches er nicht hat thun wollen, und doch starck drauff gedrungen, er müsse den D. in eigener Person zur Sprache haben, ists dem D. eingefallen, dass es vielleicht Kohlhase seyn möchte, ist desswegen selbst an die Thur gegangen, und zu ihm gesagt: Numquid tu es Hans Kohlhase? hat er geantwortet: Sum Domine Doctor. Da hat er ihn eingelassen, heimlich in sein Gemach geführet, den Herrn Philippum, Crucigerum, Majorem, und andere Theologen zu sich beruffen lassen, da hat ihnen Kohlhase den gantzen Handel berichtet, und sind späte bey ihm in die Nacht geblieben. Des Morgens frühe hat er dem D. gebeichtet, das hochwürdige Sacrament empfangen, und ihnen zugesagt, dass er von seinem Vornehmen wollte abstehen, und dem Lande Sachsen keinen Schaden hinfort zufügen, welches er auch gehalten. Ist also unerkant und unvermerckt aus der Herberge geschieden, weil sie ihn getröstet, seine Sache befodern zu helffen, dass sie eine gute Endschafft solle gewinnen. Weil aber endlich auch nichts draus worden, dass sichs verweilet, und die Verfolgung der Sachsen nichts desto weniger für und für gewähret, hat ihm George Nagelschmidt sein Gesell gerathen, er solle den Churfürsten zu Brandenburg angreiffen, so würde er sich sein wohl annehmen, daß die Sache mit den Sachsen vertragen würde. Diesem folgete Kohlhase, aber sehr unbedacht, und unglücklich.

Nicht lange darnach hat der Churfürst zu Brandenburg den Sachsen einen peinlichen Zutritt und gerichtlichen Process wieder Kohlhasen verstattet, derowegen er den Montag nach Palmarum mit Nagelschmieden und dem Küster, der sie gehauset, ist fürs Gerichte gestellet, und von dem Sächsischen Anwalt, als der wider Kayserlichen Land-Frieden gehandelt, atrociter ist peinlich angeklaget worden. Darauff Kohlhase, dieweil er ziemlich beredt, etwas studiret und wohl belesen gewesen, seine Antwort dermaßen ausführlich gethan, und den ganzen Handel nach allen Umständen über 3. Stunden von Anfang biss zu Ende nothdürfftig referiret und fürbracht, daß sich des jedermann darüber verwundert, und ihm Beyfall geben müssen. Weil aber die Verbitterung so groß gewesen, ist er zum Tode des Rades verurtheilet worden. Und ob man ihn wohl mit dem Schwert begnaden wollen, hat ihn doch der Nagelschmidt abgehalten, dass ers nicht thun sollte. Denn wenn sie gleiche Brüder gewesen, so wollten sie auch gleiche Kappen tragen. Sind also alle drei fast hoch auff den Tag hinaus geführet, und auffs Rad gelegt, darauff Kohlhase lange Zeit und über einen Monat lang frisch geblutet. Es ist aber, alsbald er gerichtet, dem Churfürsten zu Brandenburg leid gewesen, und wenns hernach hätte geschehen sollen, würde es wohl verblieben seyn. Aber Gott hat ihm vielleicht sein Ende also aufgesetzt.

ZEITTAFEL

1777 Bernd Wilhelm Heinrich von Kleist wird am 18. Oktober als Sohn des Kapitäns Joachim Friedrich von Kleist und dessen zweiter Frau Juliane Ulrike in Frankfurt/Oder geboren

1788 Tod des Vaters am 18. Juni; Kleist kommt zur Erziehung nach Berlin zu dem Prediger S. H. Catel

1792 Eintritt am 1. Juni in das Garderegiment Potsdam

1793–95 Teilnahme am Rheinfeldzug und an der Belagerung von Mainz

1793 Tod der Mutter am 3. Februar

1797 Beförderung am 7. März zum Leutnant

1799 Abschied vom Militär, anschließend drei Semester Studium (Rechts- und Naturwissenschaften) an der Universität Frankfurt/Oder; Verlobung mit Wilhelmine von Zenge

1800 Rückkehr nach Berlin; am 1. November Anstellung als Volontär im preußischen Wirtschaftsministerium in Berlin

1801 Reise mit der Schwester Ulrike über Dresden, Halberstadt, Göttingen, Mainz und Straßburg nach Paris, im November Rückreise nach Frankfurt/Main, danach allein Weiterreise in die Schweiz

1802 Aufenthalt bei Thun, Fertigstellung der *Familie Schroffenstein*; Lösung der Verlobung im Mai, im Oktober Reise nach Weimar mit der Schwester und Ludwig Wieland, dem Sohn Christoph Martin Wielands

1803 Von Januar bis März Aufenthalt bei Wieland in Oßmannstedt, dann Abreise nach Leipzig und Dresden. Nach einer Fußreise nach Bern, Mailand, Genf und Paris und anschließendem Aufenthalt in Boulogne-sur-Mer bricht Kleist körperlich und seelisch zusammen. Rückkehr nach Deutschland

1804 In Mainz wird Kleist durch Dr. Wedekind gepflegt und kehrt Mitte Juni nach Berlin zurück. Im Herbst Wiedereintritt in den preußischen Staatsdienst

1805 Im Mai geht Kleist an die Domänenkammer nach Königsberg/Pr., wo er u. a. am *Michael Kohlhaas* arbeitet.

1806 Aufgabe der Beamtenlaufbahn. Im Oktober militärischer Zusammenbruch Preußens

1807 Wanderung von Königsberg nach Berlin, von März bis Juli ist Kleist in französischer Gefangeschaft in Joux und Chalons-sur-Marne, im August kann er nach Deutschland zurückkehren. Abschluss der *Penthesilea* und des *Käthchen von Heilbronn*

1808 Herausgabe der Monatszeitschrift „Phöbus" mit Adam Müller; am 2. März Uraufführung von *Der zerbrochne Krug* durch Goethe in Weimar. Arbeit an der *Hermannsschlacht*

1809 Reise mit Dahlmann nach Österreich, von Juni bis Oktober Aufenthalt in Prag. Nach einer Erkrankung Reise nach Frankfurt/Oder

1810 Rückkehr nach Berlin, dort Kontakt zu Clemens Brentano, Fouqué, Rahel Varnhagen. Im Herbst erscheint der 1. Band der *Erzählungen* und *Käthchen von Heilbronn*.

1811 Im Frühjahr erscheint der 2. Band der *Erzählungen* und *Der zerbrochne Krug*, am 21. November Selbstmord am Wannsee

ANMERKUNGEN

Die Ziffern vor den Anmerkungen bezeichnen die Seiten

3 *Michael Kohlhaas.* Kleist hat den Vornamen des geschichtlichen Kohlhase „Hans" durch den Namen des Erzengels „Michael" ersetzt, um den Streiter für das Recht zu bezeichnen.

Chronik (griechisch). Die Chronik verzeichnet in zeitlicher Folge einfache Tatsachenberichte aus der Geschichte einer Familie, einer Stadt, eines Klosters oder eines Landes.

Meierhof. Ursprünglich Hof mit Viehzucht und Milchwirtschaft.

Koppel. Ursprünglich Bezeichnung einer Doppelkette für zwei Jagdhunde, dann für die Hunde selbst und schließlich für eine Anzahl von Tieren, die durch Stricke oder Ketten miteinander verbunden sind.

Ausland. Die deutschen Einzelstaaten waren damals füreinander noch Ausland.

Gewinst. Alte Form für Gewinn.

Privilegium (lateinisch). Sonderrecht, Vorrecht.

Junker. Das mittelhochdeutsche „junc-herre" bezeichnet den jungen Adeligen. Als Standesbezeichnung für die Angehörigen des gutsbesitzenden Adels bekam das Wort später einen tadelnden Nebensinn.

Schlagfluss. Als Ursache für den Schlag galt früher (wie auch bei anderen Krankheiten) ein „Fluss" der Säfte.

4 *Burgvogt.* Vogt ursprünglich: Schirmherr; später: Aufseher, Verwalter.

Rosskamm. Ursprünglich: Pferdestriegel. Später Bezeichnung für den Pferdehändler – vielleicht unter Einwirkung des italienischen cambio = Wechsel, Tausch.

Filzig. Geizig. Filz: eine Stoffart von besonderer Dichte.

Schweißfuchs. Ein Pferd von weißlich braunroter Farbe.

Blesse. Ein Pferd mit weißem Stirnfleck.

Schecke. Ein geflecktes Pferd.

5 *Rappe.* Ein schwarzes Pferd.

Tafelrunde, König Arthur. Um den keltischen in England herrschenden König Arthur oder Artus und die Ritter seiner Tafelrunde gibt es einen Kranz von Sagen, die sich in der französischen Fassung die europäische Literatur des Mittelalters eroberten.

Goldgülden. Gülden, Gulden: Goldmünze.

7 *Mähre.* Ursprünglich Bezeichnung für Stute, später für ein schlechtes Pferd.

Abkarten. Mit der Karte einrichten; vorher abmachen.

8 *Zoddel.* Zoddel oder Zottel = Haarbusch.

Rebellion (lateinisch). Erhebung, Aufstand.

Abdecker. Totes Vieh wird vom Abdecker oder Schinder verarbeitet; die Haut wird geschunden (abgezogen), die Reste verscharrt.

Schindanger. Der Anger, auf dem der Abdecker das tote Vieh schindet und verscharrt.

Vorgängig. Vorausgehend.

10 *Just* (lateinisch, französisch). Gerade.

11 *Schweinekoben.* Koben: Verschlag, Hütte, Viehstall.

12 *Sielzeug.* Riemenzeug; vgl. Seil.

13 *Spezifizieren* (lateinisch). „Sondern", einzeln aufführen.

Prozess (lateinisch). Rechtsstreit.

Residenz. Sitz des regierenden Fürsten; die Hauptstadt des Kurfürstentums Sachsen war damals noch Wittenberg (nicht Dresden).

Advokat (lateinisch). Rechtsanwalt.

14 *Resolution* (lateinisch). Rechtsbeschluss.

Tribunal (lateinisch). Gerichtshof.

Insinuation (lateinisch). Einflüsterung, Einwirkung, Weisung.

Rechtsinstanz. Instanz (lateinisch): Zuständige Behörde.

Fonds (lateinisch, französisch) Fundus = Grundvermögen, Geldsumme.

Mineralisch (lateinisch). Heilkräftig.

Presshaft. Bresthaft: mit Gebrechen behaftet.

15 *Supplik* (lateinisch). Bittschrift, Gesuch.

Information (lateinisch, französisch). Unterrichtung, Auskunft.

Graf Kallheim. Graf Kallheim ist hier der Kanzler des Kurfürsten von Brandenburg; später wird ein Graf von Kallheim erwähnt als Präsident der sächsischen Staatskanzlei. Beide werden mit den Junkern von Tronka in Verbindung gebracht; beide werden ihres Postens enthoben! Dieses doppelte Auftreten derselben Figur gehört zu einer der im Nachwort erwähnten Unstimmigkeiten, die nur aus der Geschichte der verschiedenen Fassungen zu verstehen sind. Der Landdrost Aloysius von Kallheim ist nur ein Namensvetter dieser als Doppelgänger auftretenden Kallheims.

16 *Reskript* (lateinisch). Schriftstück einer Behörde.

Querulant (lateinisch). Streitsüchtiger.

17 *Kontrakt* (lateinisch). Vertrag.

Reukauf. Entschädigung beim Rücktritt von einem Vertrag.

Stipulieren (lateinisch). Festsetzen, verabreden.

18 *Hypothek* (griechisch). Schuldverschreibung auf unbewegliche Güter.

Konjektur (lateinisch). Vermutung.

19 *Muhme.* Weibliche Verwandte, besonders Tante oder Base.

20 *Kastellan.* Burgwart, Schlossaufseher.

Antreten. Angehen, an jemand herantreten.

21 *Vergib deinen Feinden; tue wohl auch denen, die dich hassen.* Aus der Bergpredigt. Matthäus 5, 44.

Häufig. Gehäuft, reichlich.

22 *Instruieren* (lateinisch, französisch). Belehren.

Bereiten. Beritten machen.

Baracke (italienisch, französisch). Ursprünglich: Feldhütte des Soldaten.

24 *Mandat* (lateinisch, französisch). Aufforderung, Verfügung.

25 *Besprechen.* Dingen, in Dienst nehmen.

26 *Die Mulde.* Ein Nebenfluss der Elbe.

27 *Expedition* (französisch). Kriegerisches Unternehmen, Feldzug.
   Tag des hl. Gervasius. Der 19. Juni.
28 *Bestürzte Märsche.* Eilmärsche.
   Magistrat (lateinisch). Eine von den Römern übernommene Bezeichnung für die regierende Körperschaft einer Stadt.
29 *Palisaden* (lateinisch, italienisch, französisch). Schanzpfähle.
   Essenz (lateinisch, französisch). Wohlriechende Flüssigkeit.
   Irritanz (lateinisch, französisch). Belebungsmittel, Anregungsmittel.
   Gemächer der Ritterhaft. Da später vom Herrenzwinger die Rede ist, haben wir – entgegen der kritischen Ausgabe, in der „Ritterschaft" steht – das bezeichnendere „Ritterhaft" anderer Ausgaben beibehalten.
30 *Die Pleißenburg.* Die Burg der Stadt Leipzig.
   Jassen. Ein Dorf im Merseburgischen.
   Damerow. Ein Rittergut und Dorf bei Havelberg.
31 *Lützen.* Im Kreis Merseburg.
   Verrückung. Überspanntheit, Verrücktheit.
   Provisorisch (lateinisch). Vorläufig.
   Aussetzen. Der Gefahr aussetzen.
   Deklaration (französisch). Erklärung.
32 *Scherge.* Gerichtsbote.
   Das Erkenntnis. Entscheidung, Urteil.
   Rebell (französisch). Empörer.
33 *Cherubsschwert.* Die Cherubim sind Wächterengel mit Schwertern.
35 *Spezifikation* (lateinisch). Einzelaufstellung. Vergl. Anm. S. 13.
36 „*Kann sein! ... kann sein, auch nicht! ... so habe es denn ... seinen Lauf ..."* Vergl. dazu aus „Wallensteins Tod" (V, 5) (Hamburger Leseheft Nr. 38) die Sätze Wallensteins:
   Hätt ich vorher gewusst, was nun geschehen,
   Dass es den liebsten Freund mir würde kosten,
   Und hätte mir das Herz wie jetzt gesprochen –
   Kann sein, ich hätte mich bedacht – kann sein
   Auch nicht – Doch was nun schonen noch? Zu ernsthaft
   Hats angefangen, um in nichts zu enden.
   Hab es denn seinen Lauf!
   Die Verwandtschaft der Situation (Verlust des Freundes – Verlust der Frau) und die Anklänge im Wortlaut geben ein gutes Beispiel für die Vertrautheit Kleists mit Schillers „Wallenstein".
   Aufheben. Gefangen nehmen.
37 *Famulus* (lateinisch). Gehilfe und „Lehrling".
   Untergeschlagen. Unterschlagen.
   Amnestie (griechisch, lateinisch). Erlass einer Bestrafung.
38 *Qualifizieren* (lateinisch). Befähigen, bewähren.
   Christiern von Meißen. Die Namensform „Christiern" hat Kleist aus Leutingers Chronik, wo der Dänenkönig Christiernus II. erwähnt wird.
   Generalissimus. Oberbefehlshaber.

Qualität (lateinisch). Eigenschaft.
40 *Instruktion* (lateinisch, französisch). Anweisung.
Präliminar-Maßregel. Vorläufige, vorausgehende Maßregel.
42 *Gubernium.* Regierungssitz.
Deposition (lateinisch, französisch). Hinterlegung.
43 *Peremtorisch* (lateinisch). Zwingend.
44 *Halfter.* Ledernes Kopfzeug des Pferdes.
45 *Runge.* Seitenstange über der Achse beim Leiterwagen.
46 *Requirieren* (französisch). Gerichtlich beantragen.
47 *Requisition* (französisch). Gerichtliche Einziehung.
Okular-Inspektion (lateinisch). Inaugenscheinnahme.
49 *Ehrlich machen.* Bis ins 19. Jahrhundert hinein galten manche Berufe und Dinge als „unehrlich" (unehrenhaft). Durch bestimmte Maßnahmen (Fahnenschwenken) konnten unehrlich gewordene Lebewesen oder Gegenstände wieder ehrlich gemacht werden.
Hauszeichen. Hausmarke in Form einer Medaille.
Leder. Lederscheide.
50 *Trabant.* Angehöriger der Leibwache.
54 *Publikation* (lateinisch, französisch). Veröffentlichung.
Fragment (lateinisch, französisch). Bruchstück.
Patent (lateinisch, französisch). Schutzverfügung.
55 *Rabulistisch* (lateinisch). Spitzfindig, rechtsverdrehend.
Argument (lateinisch, französisch). Begründung.
Edikt (lateinisch). Erlass.
56 *Gubernial-Resolution* (lateinisch, französisch). Regierungsbeschluss.
58 *Gubernial-Offiziant* (lateinisch, französisch). Regierungsbeamter.
60 *Arretieren* (französisch). Festnehmen.
62 *Levante* (italienisch). Das „Morgenland" (Vorderasien).
Ostindien. Der Gedanke an eine Auswanderung nach Ostindien entspricht nicht der Zeit um 1550; Ostindien wird erst nach 1600 durch die Ostindische Handelskompanie erschlossen.
Kabinettsbefehl. Kabinett (französisch): eigentlich: Arbeitszimmer; dann: Ministerium.
Reklamieren (lateinisch, französisch). Anfordern.
Die Krone Polen. Das Königreich Polen.
64 *Landdrost. Landvogt* (Drost = Truchsess).
66 *Mundlack.* Ein Scheibchen aus Mehl und Wasser zum Versiegeln von Briefen, das im Mund erweicht wird.
67 *Amulett* (lateinisch). Kleiner, als Anhänger zu tragender Gegenstand mit der Kraft, Unheil oder bösen Zauber abzuwehren.
„*Schafft Wasser her.*" Auch an dieser Stelle sind wir von der kritischen Ausgabe abgewichen und haben die Schreibweise „schaft" dieser Ausgabe durch „schafft" ersetzt.
68 *Symptom* (griechisch). Anzeichen, Merkmal.
70 *Schafott* (französisch). Blutgerüst.
71 *Definitiv* (lateinisch, französisch). Endgültig.
Der Expresse (französisch). Eilbote.
73 *Statuierung* (lateinisch, französisch). Aufstellung, Feststellung.

74 *Sibylle* (griechisch, lateinisch). Wahrsagerin.
79 *Und wie denn die Wahrscheinlichkeit nicht immer auf Seiten der Wahrheit ist.* Nach einer berühmten Stelle aus dem 3. Kapitel der „Art poétique" (Dichtkunst) von Boileau aus dem Jahre 1674 (Le vrai peut quelquefois n' être pas vraisemblable).
Seiner Frauen. Der früher allgemein übliche zweite Fall der schwachen Deklination von Frau in der Einzahl.
81 *Astrologe* (griechisch). Sterndeuter.
Palmarum (lateinisch). Palmsonntag: der Sonntag vor Ostern.
82 *Theologe* (griechisch). Gottesgelehrter.
Dechant (griechisch). Der höchste Geistliche einer Domkirche nach dem Propst. In der protestantischen Kirche: ein höherer Geistlicher.
Kommunion (lateinisch). Empfang des hl. Abendmahls.
83 *Konklusum* (lateinisch). Rechtsbeschluss.
Herold. Ursprünglich: Festbote und Festordner.
Kommission (lateinisch, französisch). Ausschuss.
86 *Domänenkammer.* Verwaltungsbehörde der staatlichen Güter.
87 „ *Mikrochronologicon"* (griechisch). Die kleine Chronik.
Curieus (französisch). Merkwürdig.
„ *De Marchia Brandenburgensi ...".* Nachrichten von der Mark Brandenburg und von ihrem Zustand.
Anno Christi (lateinisch). Im Jahre Christi.
Gehauset. Beherbergt.
Einer von Adel. „Günters von Zaschwitz Untersassen zu Melaun und Schnatitz hatten es auf ihres Junckern Befehl gethan." Anmerkung zur Chronik von Hafftitz bei Schöttgen und Kreysig.
Die Zane. Ein kleines Flüsschen, an der das Städtchen Zana liegt (unweit von Wittenberg).
Werder. Hier eine Flussinsel.
88 *Numquid tu es Hans K.?* (lateinisch). Bist du etwa Hans K.?
Sum Domine Doctor. Ich bin es, Herr Doktor.
Philippus. Philipp Melanchthon (1497–1560).
Crucigerus major. Der Theologe Kaspar Creuziger d. Ä. (1504–48).
Das hochwürdige Sacrament. Das hl. Abendmahl.
89 *Atrociter* (lateinisch). Hart, scharf.